INFORMATIQUE POUR LES SCIENCES DE L'HOMME
Limites de la formalisation du raisonnement

 PHILOSOPHIE ET LANGAGE

Mario Borillo

informatique pour les sciences de l'homme
limites de la formalisation du raisonnement

PIERRE MARDAGA, EDITEUR
2, GALERIE DES PRINCES, 1000 BRUXELLES

© by Pierre Mardaga, éditeur
37, rue de la Province, 4020 Liège
2, Galerie des Princes, 1000 Bruxelles
D. 1984-0024-11

Avant-propos

Les textes de ce recueil jalonnent un itinéraire consacré à l'exploration des relations complexes qui se sont établies depuis une vingtaine d'années entre l'informatique et les sciences de l'homme. J'ai eu la chance de participer à ce mouvement depuis ses débuts, d'abord au Centre Européen de Traitement de l'Information Scientifique, en Italie, ensuite dans différents laboratoires du Centre National de la Recherche Scientifique français, surtout le Laboratoire d'Informatique pour les Sciences de l'Homme, que j'ai créé et animé jusqu'en 1981, et aujourd'hui au Laboratoire des Langages et Systèmes Informatiques de l'Université Paul Sabatier à Toulouse.

Dès l'origine, deux conceptions se sont établies quant à la nature de ces rapports. La première, qui est encore la plus courante, les envisage surtout sous un angle opératoire et il est vrai que l'ordinateur est un instrument capable de modifier profondément les conditions matérielles dans lesquelles s'effectue la recherche dans les sciences de l'homme. L'autre point de vue lie cette dimension technique à son socle conceptuel (logico-mathématique) et voit dans le recours à l'informatique un facteur susceptible de faire évoluer également les cadres théoriques et les référents épistémologiques des sciences de l'homme.

Il serait exagéré de prétendre que l'intuition que l'on pouvait avoir dès l'origine sur la nécessité d'associer dans l'analyse ces différentes composantes ait reçu une éclatante confirmation. Certes, l'utilisation du «calcul» s'est généralisée, au point qu'il n'y a plus guère de centre de recherche important en sciences humaines qui n'ait son équipe d'informaticiens. De fait, la statistique, l'analyse des données, les systèmes documentaires automatisés, les bases de données... on fait leur entrée dans de nombreux laboratoires. Peut-on dire pour autant que les sciences de l'homme aient clairement perçu tout ce qui pouvait changer pour elles dans ce métissage culturel ? Je ne le crois pas, et j'ajoute qu'il pourrait difficilement en aller autrement puisque les effets induits par l'informatique affectent non seulement les méthodes et fondements de la connaissance, mais aussi, potentiellement, l'organisation de la recherche, son économie, ses cadres institutionnels, la formation des chercheurs... Une mutation caractéristique de l'époque, difficile à appréhender du fait même de sa globalité mais dont les signes avant-coureurs sont déjà présents.

Mes recherches personnelles et celles que j'ai impulsées directement se sont focalisées sur ce que je crois être le noyau central du problème, sa composante la plus novatrice et la plus importante pour l'avenir, à savoir les implications méthodologiques et théoriques des techniques de traitement de l'information. C'est la thématique qui ordonne ce livre, présentée dans une approche essentiellement expérimentale, où il ne s'agit pas de produire des connaissances nouvelles dans tel ou tel domaine de l'histoire, de l'anthropologie culturelle, de l'archéologie... mais plutôt d'aider à comprendre la manière dont l'informatique, en tant qu'ensemble de techniques et de théories, peut intervenir dans le processus d'élaboration des connaissances. C'est donc le *raisonnement* qui constitue l'objet central de ces recherches. Non pas dans l'abstrait, dans la déconcertante étendue de sa généralité, mais saisi aussi précisément que possible dans diverses situations où il semble révéler de manière exemplaire les possibilités et les limites de l'informatique pour les sciences de l'homme.

Mais si l'informatique, pour parodier en la remettant à l'endroit une formule célèbre, c'est la formalisation plus l'électronique, le cadre de ces recherches ne peut être que formel, non pas en vertu d'un a priori théorique mais par simple nécessité technique. Ainsi, sans que nous l'ayons délibérément souhaité, ces expériences sur les perspectives ouvertes par la formalisation partielle du raisonnement soulèvent des questions fondamentales pour les sciences de l'homme et participent à un débat historique dans lequel s'affrontent les plus importantes écoles de pensée de ce temps.

Concrètement, les travaux présentés ici concernent des disciplines diverses, des matériaux de nature très différentes. Mes amis et moi avons d'abord essayé de comprendre comment étaient posés les problèmes, comment étaient organisées — ou organisables — leurs différentes composantes sémantiques et logiques, par une sorte d'herméneutique de l'argumentation où la difficulté première était d'expliciter le non-dit, de restituer dans la mesure du possible l'implicite des présupposés et des ellipses cognitives, comme étape préliminaire à toute analyse de la cohérence du discours. Ultérieurement, nous avons prolongé cette démarche en définissant et en mettant à l'épreuve des modèles formels de raisonnement, en collaboration avec des chercheurs en sciences humaines.

Bien entendu ce travail plutôt téméraire présente de grandes lacunes, la plus grave portant sur l'imprécision des procédures connectant nos constructions formelles à leurs bases empiriques, procédures qui sont de nature linguistique lorsque le raisonnement naturel est saisi dans des textes, ou de nature psycholinguistique quand les expériences sont fondées sur des entretiens avec des chercheurs. Des lacunes inhérentes à la nature de nos objectifs : explorer jusqu'où et à quel prix la formalisation et le calcul, l'informatique, pouvaient reproduire certains aspects du raisonnement naturel. Sans entrer dans une discussion sur sa nature, quelques précisions sont nécessaires pour circonscrire notre propos. Nous partirons d'une définition aussi ouverte que possible, donnée par Blanché : *«un discours tel que, certaines propositions étant posées et par cela seul quelles sont posées, quelque autre proposition en résulte soit nécessairement, soit de façon plus ou moins probable»*. On sait clairement depuis le développement de la logique contemporaine et de la philosophie du langage que le critère de la rigueur n'est pas, et de loin, le seul qui puisse être appliqué à l'évaluation des raisonnements. De ce point de vue, précisément, la logique formelle et le calcul peuvent être considérés comme des systèmes de représentation et de régulation particulièrement adaptés à ces classes de raisonnements extrêmes que sont la déduction mathématique, l'induction probabiliste... En deçà, interviennent des critères de nature très différente qui tournent autour de ce que l'on pourrait appeler en termes très généraux la *pragmatique* du raisonnement. Des considérations comme celle des *fins* poursuivies — s'agit-il de raisonnements cognitifs, instrumentaux... — celle de la *situation* dans le processus de formation des connaissances — découvrir et former des théories ou les justifier a posteriori — celles de la nature et du rôle des *agents* qui énoncent les raisonnements, etc... définissent d'autres critères tout aussi pertinents dans l'analyse des raisonnements même s'ils ne concernent plus la rigueur logique. Bien que la question soit philosophiquement controversée, des savants éminents comme Perelman et Blanché ont pu soutenir qu'ils étaient pour la plupart irréductibles à la formalisation.

Une deuxième échelle de caractérisations relative à l'*état* des raisonnements croise la précédente. Ses deux pôles seraient l'acte de pensée, la pure intuition en laquelle ils peuvent se concentrer et à l'opposé le calcul qui les explicite dans toute leur étendue en une suite d'opérations formelles réglées.

Les recherches présentées ici partent de raisonnements exprimés par des discours scientifiques, écrits ou oraux, formulés pour partie dans le langage ordinaire, pour partie dans une langue «technique» non formalisée. Elles s'intéressent exclusivement aux éléments qui concourent à la *rigueur* de ces constructions, en les isolant dans l'univers du discours, en les explicitant et en les dotant chaque fois que possible d'une organisation formelle qui permette, sinon de déduire les propositions qui énoncent les résultats, du moins d'en préciser les justifications logiques et/ou empiriques.

Ainsi, partant d'une interrogation sur le rôle de l'informatique pour le développement des sciences de l'homme, les travaux que ce livre résume jalonnent-ils une trajectoire dont l'aspect peut-être le plus remarquable est qu'elle débouche, en les associant, sur deux problématiques à première vue disjointes : d'une part, la définition de méthodes pour une approche *expérimentale* de l'épistémologie des sciences de l'homme ; d'autre part, avant l'engouement actuel pour l'«intelligence artificielle», la réalisation de systèmes de représentation des connaissances effectuant certaines tâches du raisonnement humain. Cette convergence encore balbutiante pourrait préfigurer, pour son versant abstrait, logique, la transdisciplinarité de demain.

Remerciements

Qu'il me soit permis de souligner à nouveau qu'un tel programme est par essence collectif, qu'il est inimaginable sans une diversité de talents et de cultures. Je voudrais remercier ici tous les chercheurs en sciences humaines qui ont accepté de collaborer avec nous, en particulier, pour les travaux sur les amphores antiques Mmes Hamond et Hesnard, M. Tchernia, et pour l'épigraphie latine MM. Corbier, Février et Janon. Les recherches formelles originales — mathématiques, linguistiques, logiques et informatiques — sur lesquelles est fondé cet ouvrage sont dues à une équipe pluridisciplinaire de chercheurs talentueux dont la réunion, je crois, a été exceptionnellement féconde. Mes remerciements vont à Louis Bourrely, Eugène Chouraqui, Wenceslas Fernandez de la Vega, Alain Guénoche qui ont enrichi ces travaux de leur intelligence ; et je voudrais dire tout particulièrement ma reconnaissance et mon affection à Andrée Borillo-Daubèze, ma compagne, à Luis Fariñas del Cerro et Jacques Virbel, mes amis, sans qui, simplement, l'aventure n'aurait pu être conçue.

Sous des formes parfois remaniées, certains textes ont été publiés précédemment dans divers ouvrages, parfois en collaboration avec d'autres auteurs que je tiens à remercier.

- Formalisation et communication dans les sciences de l'homme et de la société. *Courrier du CNRS*, 1979.
- Raisonner, calculer. *Raisonnement et méthodes mathématiques en archéologie*, 1977.
- Formalisation de l'analyse des textes. *Semiotica*, 1975. En collaboration avec J. Virbel.
- Analyse formelle des textes et raisonnement en Histoire. *Archéologie et calcul*, 1978. En collaboration avec W. Fernandez de la Vega, A. Guenoche, J. Janon, J. Virbel.
- Vers une théorie du conte. *Analyse et validation dans l'étude des données textuelles*. En collaboration avec A. Borillo.
- Reconstruction inductive d'un discours scientifique traditionnel. *Archéologie et Calcul*, 1978, et *Archéologie et Calculateurs*, 1969.
- Le projet AVEROES. *Information Storage and Retrieval*, 1973, et *Représentation des connaissances et raisonnement*, 1979. En collaboration avec L. Bourrelly, L. Fariñas del Cerro et J. Virbel.

SECTION I
INFORMATIQUE ET RAISONNEMENT

Calculer avec une machine ce n'est pas tout fait la même chose que raisonner, même si l'on raisonne de plus en plus souvent en utilisant les résultats de calculs effectués par des machines et même si ces calculs procèdent eux-mêmes, bien entendu, de raisonnements.

L'informatique pour les sciences de l'homme c'est d'abord du calcul inséré dans les raisonnements qu'on y conduit. Mais ce calcul, qui est l'expression incarnée sur une machine de certains types particulièrement contraints de raisonnements, ne modifie-t-il pas, à l'insu même du chercheur, la nature du raisonnement plus large dans lequel il est utilisé? Voilà une première question.

D'autre part, puisqu'on nous dit que les machines «pensent», qu'elles sont «intelligentes», on peut aussi se demander jusqu'où elles seraient capables de prendre en charge elles-mêmes la résolution de certains des problèmes que se posent les chercheurs. Que signifient exactement ces métaphores, quelles sont les limites des aptitudes inférentielles des machines et à quelles conditions ces aptitudes sont-elles applicables aux sciences de l'homme, voilà une autre série de questions.

La problématique des relations entre informatique et sciences de l'homme se trouve aujourd'hui inscrite entre ces deux interrogations. En définissant les contraintes extrêmes auxquelles devrait satisfaire un problème pour que l'on puisse concevoir un système capable de le résoudre en effectuant seul les inférences pertinentes, le premier texte de ce chapitre souligne les limites d'une approche purement «automatique» du raisonnement. Des perspectives beaucoup plus fécondes pour les sciences de l'homme s'ouvrent lorsque le chercheur garde la maîtrise du raisonnement et qu'il utilise pleinement les ressources de la machine. Le texte suivant indique comment ce schéma classique, s'il est développé avec rigueur, ouvre au chercheur de nouvelles manières de raisonner qui vont de pair avec un affermissement épistémologique des présupposés sur lesquels il fonde ses constructions et parfois avec un élargissement de la portée de ses résultats.

Bien que cela ne soit pas encore clairement perçu, l'évolution de l'informatique indique que l'échange interdisciplinaire tend à s'équilibrer. Les sciences de l'homme, singulièrement la linguistique formalisante, deviennent des dispensatrices de connaissances et surtout de problèmes nouveaux à travers lesquels l'informatique commence à prendre la mesure des difficultés fondamentales à résoudre pour élargir les capacités inférentielles des systèmes (§ 3).

Le chapitre se termine sur une expérience de formalisation d'un raisonnement en Histoire qui met en lumière sa nature profonde et les conditions auxquelles devrait satisfaire le modèle de ce raisonnement pour être exécutable par une machine.

Chapitre 1
« Intelligence artificielle » et raisonnement

Parmi les nombreuses contributions de l'informatique à la recherche dans les sciences de l'homme, celles qui portent sur l'explicitation et la représentation formelle des connaissances utilisées dans le raisonnement jouent à l'évidence un rôle important. Leurs conséquences méritent d'autant plus examen qu'elles s'inscrivent dans un projet d'une extrême ambition qui ne vise à rien de moins que la définition de modèles abstraits de raisonnement dont l'implantation sur un système informatique permettrait à celui-ci de prendre des décisions ou de résoudre des problèmes dans des domaines où la connaissance est encore de nature largement empirique, où elle repose sur des présupposés ou des arguments souvent implicites et où elle se traduit par des savoir-faire pratiques ou des productions discursives. Ces traits, en particulier le dernier, sont caractéristiques des modalités cognitives de nombreuses disciplines des sciences de l'homme.

1. L'« intelligence artificielle », une brève présentation

Pour l'informatique, le schéma fonctionnel d'un système dit « intelligent » comprendra cinq grandes catégories de constituants correspondant à ses fonctions principales. Ces fonctions doivent, ce n'est pas la moindre des difficultés, être parfaitement articulées entre elles à différents niveaux. On trouvera :

a) l'acquisition et la représentation des connaissances propres aux domaines et aux problèmes à traiter (aspects « communication homme-machine et bases de connaissances»), ce qui suppose pour le système la capacité d'analyser des perceptions sensorielles (images, voix...), des textes, pour en extraire les contenus pertinents et construire les représentations formelles (au sens logico-mathématique) qui seront indispensables ultérieurement pour effectuer des calculs;

b) de la même manière, et dans les mêmes termes, la traduction des questions et des problèmes, de leur forme «naturelle» à leur représentation formelle;

c) la définition et la mise en œuvre de dispositifs de calcul permettant d'effectuer automatiquement les opérations logico-mathématiques résultant de la «confrontation» du produit de la phase b avec celui de la phase a et nécessaires à la résolution des problèmes posés. Ces dispositifs constituent le cœur du système (aspects «inférence et démonstration»);

d) à partir des résultats du calcul précédent — qui sont eux-mêmes de nature purement formelle — la formulation externe de solutions ou leur traduction en actions, ce qui exige le plus souvent que le système soit capable de traduire ces résultats formels en engendrant un message intelligible par l'utilisateur (aspects «communication machine-homme et effecteurs»);

e) le contrôle de l'adéquation des solutions proposées par le système, en interaction ou non avec un expert humain.

Il va de soi que les différentes fonctions doivent nécessairement être très solidaires. La dernière en particulier doit être liée aux précédentes par l'intermédiaire d'un «module d'apprentissage» permettant d'intégrer les résultats des essais et erreurs dans les divers constituants du système afin d'en améliorer progressivement le fonctionnement.

Rien qui ne soit hautement problématique dans un projet d'une ambition aussi démesurée. D'un point de vue «technique», deux grandes catégories de difficultés apparaissent immédiatement:

- En premier lieu celles que l'on pourrait qualifier de communicationnelles. Elles se présentent dans le passage automatique des univers empiriques de la perception et du langage naturel aux formalismes qui en paraphrasent les contenus logico-sémantiques pertinents (et réciproquement pour le point d ci-dessus).

- Les secondes portent sur la représentation dans des formalismes logico-mathématiques des inférences mises en jeu par le raisonnement, l'organisation de ces inférences en une architecture formelle exprimant les structures du raisonnement, l'implantation et la mise en œuvre effective de ce modèle dans un système informatique concret.

Même en supposant que l'on sache réaliser ces dispositifs, leur évidente complexité ne serait encore qu'une complexité élémentaire. En effet, l'exigence d'autonomie du système implique que les modèles de perception, d'interprétation et de raisonnement soient intégrés à leur tour en un modèle de niveau supérieur exprimant la cohérence de l'ensemble et capable de le piloter sans intervention humaine. Comment devrait alors intervenir le modèle d'apprentissage et quelle serait sa nature? On voit s'amorcer un processus de régression infinie de connaissance sur la connaissance qui suffit à indiquer qu'un projet d'«intelligence artificielle», pour entrer dans le champ des préoccupations scientifiques, doit *au moins* être circonscrit par deux familles de contraintes: celles qui spécifient les univers perceptuels et langagiers concernés et celles qui définissent les catégories de raisonnements mis en jeu. A ce prix — mais la définition scientifique de ces limites est elle-même un problème très difficile — l'«intelligence artificielle» ouvre à l'informatique des perspectives de recherche sous la forme de problèmes théoriques qui renouvellent en particulier ses relations originelles avec la logique et la linguistique.

On verra par exemple comment certaines exigences de l'informatique rejoignent dans ce contexte la grande tradition des travaux sur les structures formelles de la sémantique. Pour autant, ses préoccupations ne sont pas seulement théoriques. Dans les faits, elles sont dominées aujourd'hui par des considérations d'ordre technique qui privilégient la dimension empirique où s'évalue l'efficacité fonctionnelle des systèmes. Bien que cela puisse surprendre, c'est tout autant en développant un art de l'«ingénieur en raisonnement»[1] que par leurs résultats strictement théoriques que ces recherches pourraient féconder la méthodologie des sciences de l'homme, comme nous essaierons de le justifier plus loin.

Ceci dit, l'une des premières tâches est de discerner le statut théorique de ces activités et il n'est pas sûr que la seule façon d'y parvenir, ni la meilleure, soit de parler de machines qui «jouent» aux échecs, qui «reconnaissent» des images, qui «comprennent» des textes... même si cette phraséologie est encore abondamment employée par les chercheurs eux-mêmes et si elle évoque assez bien, d'un point de vue externe, les fonctions que semblent remplir les systèmes. Le malheur, c'est que de telles formulations sont doublement trompeuses: pour les profanes, qu'elles mystifient en accréditant le mythe des machines «pensantes» («*insuffler aux calculateurs numériques une intelligence à*

---

[1] Que l'on pourrait appeler *intellecticien*.

l'image de celle des hommes »!); et trop souvent pour des chercheurs qu'elles entraînent dans de faux challenges scientifiques («battre» des joueurs de niveau plus élevé, «reconnaitre» plus d'images, «comprendre» plus de phrases...) même si par bonheur ceux-ci posent souvent de vrais problèmes techniques, lesquels ne peuvent être surmontés à leur tour qu'au prix de nouveaux développements sur le plan des théories et des méthodes de l'informatique, mais aussi d'autres disciplines qui embrassent les activités cognitives de l'esprit: paradoxe apparent qui n'est pas si rare dans l'histoire des sciences et des techniques.

2. Limites de l'autonomie décisionnelle des machines

A l'évidence, toute tentative d'élucidation de la nature et du sens profond de ce conglomérat d'activités doit d'abord se fonder sur deux catégories de grilles d'analyse: celles de la psychologie cognitive et de la neuro-psychologie, dont on peut espérer qu'elles permettront de mieux discerner la réalité multiple des rapports éventuels entre l'intelligence humaine et l'«intelligence artificielle», de telle sorte que non seulement la connaissance scientifique mais aussi la réflexion philosophique puisse se déployer à partir de fait précis; et celles de la logique, de la mathématique et de l'informatique (théorique et expérimentale) qui offrent l'avantage de baliser déjà la frontière, en partie stable, en partie mouvante, de ce qui peut être calculé, inféré — qui indiquent donc à certains égards ce qui ne pourra jamais l'être au sens actuel de ces mots — et qui donnent parfois, à l'intérieur du possible, les moyens d'y parvenir effectivement. Voilà une autre approche, de nature plus formelle, par où pourrait commencer l'examen des limites de l'autonomie décisionnelle des machines. Après tout, quelle que soit l'ontologie qu'on lui prête, un système «intelligent» n'est-il pas d'abord un programme!

Il est impossible de ne pas rappeler à cet égard l'existence d'un noyau central de résultats théoriques réunissant les travaux fondateurs menés depuis le début des années 30 par Gödel, Herbrand, Church, Kleene, Turing, Post... résultats qui définissent et restreignent les classes de fonctions qui peuvent être calculées sur des automates abstraits. L'apparition et le développement des machines concrètes à partir des années 40 lance une intense activité de recherche sur le plan des langages, des algorithmes et des architectures (trop de noms seraient à citer, mais on peut au moins retenir ceux de M.P. Schützenberger, D. Scott, A. Markov, J. von Neumann), recherche qui pose les bases de l'informatique en tant qu'elle définit théoriquement ce que sont les programmes et les machines et qu'elle précise les conditions formelles auxquelles doit satisfaire une fonction pour être calculée, ou pour lesquelles il est possible de définir une procédure «mécanique» capable de décider si des expressions dans un langage formel déterminé sont vraies ou fausses, acceptables ou non. On trouvera un exposé systématique et en même temps accessible des fondements de la décision dans Ladrière (1957), spécialement le chapitre VI et la note III. Pour les aspects plus directement informatiques, on peut consulter par exemple Brainerd, Landweber (1974).

S'il n'est pas raisonnable de réfléchir sur les limites décisionnelles des machines sans tenir compte de ce premier horizon conceptuel, il n'est pas moins vrai que deux autres types de problèmes se posent immédiatement dans la perspective ainsi ouverte: l'un, interne à la sphère informatique, examine les implications du passage de machines et de langages purement abstraits à leur réalisation sous forme d'ordinateurs et de langages de programmation, ces considérations plus concrètes prenant un relief particulier pour la résolution de problèmes d'«intelligence artificielle» (IA) du fait de leur complexité qui sollicite toutes les ressources de l'informatique; le deuxième type d'interrogations porte sur la *métamorphose* que doivent subir les problèmes dont on dit qu'ils entrent dans la sphère de l'«IA» pour être exprimés, quelle que soit leur nature, sous des formes qui les rendent susceptibles d'être traités, sinon résolus, par des ordinateurs.

Reprenons le premier point. On s'attendrait à ce que le passage d'une informatique abstraite à des machines concrètes et à des conditions de fonctionnement effectives, avec les limitations qu'elles impliquent — pour l'espace mémoire, pour la durée des traitements... — se traduise sans mystère par des restrictions supplémentaires sur les formalismes théoriquement décidables. C'est bien ce qui se produit, mais en fait il y a un double déplacement du problème, typique de la recherche en informatique. D'une part, on définit des systèmes formels particuliers, assez généraux pour représenter des classes non triviales de problèmes mais suffisamment contraints pour que l'on puisse y établir des procédures de décision; d'autre part, ces méthodes de démonstration sont elles-mêmes approfondies, en particulier pour contrôler la combinatoire des stratégies d'application des règles de manipulation des symboles définies au niveau du système formel, combinatoire dont l'expansion sature rapidement les machines les plus puissantes. Parmi les chercheurs dont la contribution a été significative, on peut citer H. Wang, D. Prawitz, J.A. Robinson, R. Kowalski..., une présentation classique des principaux résultats se trouvant dans Loveland (1978), ou de manière plus proche des applications dans Nilsson (1980).

Ce qui précède vise directement à élargir les classes de problèmes que la machine pourra effectivement résoudre. Le même effet est recherché, mais indirectement, en élaborant des systèmes informatiques dont les caractéristiques sont particulièrement adaptées à la structure des données, aux types de règles d'inférence et aux stratégies de l'« IA », que ce soit en concevant de nouveaux langages de programmation comme cela a été le cas de LISP et plus tard de PROLOG (voir à ce propos la très stimulante synthèse de Gérard Huet, 1982), en construisant des machines dotées d'architectures non conventionnelles (architectures parallèles, machines-langage) ou même en intégrant dans le silicium des composants élémentaires selon des schémas orientés — « IA ». Quoi que l'on puisse penser de l'« intelligence artificielle » du point de vue philosophique, psychologique ou neuro-physiologique, l'informatique a su en dégager une problématique féconde, techniquement et scientifiquement.

Tout ce qui a été dit jusqu'à présent esquisse un système de critères permettant de délimiter de différentes manières le champ des formalismes décidables : certains critères, de nature théorique fondamentale (universelle), correspondent à travers les théorèmes de limitation à des frontières intangibles en l'état actuel de la science ; d'autres relèvent de théories plus restreintes (des « interprétations », des « univers du discours » particuliers représentés par des formalismes réduits correspondant à tel ou tel domaine) et ils sont en évolution rapide ; d'autres enfin associent avec le génie propre à l'informatique éléments théoriques et savoir-faire technique et expérimental.

Or, quelle que soit la nature *empirique* des problèmes qui leur sont soumis, les machines ne les « connaissent » — ne les traitent — que sous la forme de représentations symboliques. On peut donc maintenant remettre à l'endroit la question des limites (empiriques) de l'« IA » en se demandant quels sont les problèmes que l'on peut représenter à l'aide des classes de formalismes évoqués ci-dessus : de ce point de vue, piloter le mouvement d'un robot peut entrer par exemple dans la même classe que résoudre un problème d'échecs.

Une taxinomie structurelle de cette sorte induirait probablement des regroupements surprenants dans le champ des savoirs, surtout pour ceux où la connaissance n'est que peu ou pas formalisée. Pour de tels domaines, ce qu'implique la question posée plus haut ressemble beaucoup, au premier abord, à la construction de théories formalisées. Mais alors que l'exigence d'adéquation descriptive de la théorie aux phénomènes empiriques est généralement considérée comme suffisante, surtout pour les sciences de l'homme[2], ce qui est en jeu ici va bien au-delà puisque la théorie en question devrait être, au sens technique du terme, un système formel où les représentations des problèmes posés dans le domaine seraient considérées comme des théorèmes à démontrer ou invalider mécaniquement.

Encore faut-il ajouter que dans la distinction que nous faisions plus haut entre problèmes de communication et problèmes de formalisation du raisonnement, ce sont ces derniers que nous avons essentiellement considérés jusqu'ici. Or, si le système doit être capable à partir d'entrées perceptuelles ou langagières de prendre en charge lui-même la construction des représentations (formelles) internes des états évolutifs du domaine en une base de connaissances, cela ne suppose-t-il pas qu'il s'appuie également à ce stade sur un modèle articulant les caractéristiques sémantiques et logiques du domaine, capable en outre de les isoler dans les univers ambigus et polymorphes de la perception et du langage, de procéder aux mises à jour rendues nécessaires par l'évolution des situations, etc... Doter une machine de la capacité de communiquer et de résoudre des problèmes dans un domaine «informe» suppose qu'une organisation formelle satisfaisant des conditions logico-linguistiques tout à fait particulières y ait été introduite.

Les limites de l'autonomie décisionnelle des machines se trouvent ainsi inscrites dans un double faisceau d'exigences: celles qui tiennent aux notions mêmes de décision, de vérification, de réponse... et qui s'expriment par la théorie de la calculabilité sous ses diverses formes et son adaptation aux machines et aux langages existants; et celles qui sont induites par la nécessité de représenter des classes de connaissances sur les mondes évoqués — et de connaissances sur le monde de ces connaissances — à l'aide de modèles ayant précisément les multiples propriétés formelles exigées par le calcul. S'il y a dans cette analyse matière à reflexion sur les effets que pourrait induire dans de nombreux domaines le projet de concevoir des artefacts du raisonnement, elle suffit pour l'instant à montrer en quoi la vision d'une «intelligence artificielle» généralisée, telle que l'évoquent parfois des commentateurs mal informés, est scientifiquement contradictoire dans les termes. Enfin, elle justifie le pragmatisme de la recherche informatique qui explore avec des ambitions infiniment plus mesurées les voies permettant d'aboutir à un compromis acceptable entre critères théoriques et satisfaction de besoins fonctionnels.

---

[2] Pour une des rares exceptions, les grammaires génératives, voir une discussion dans Audureau (à paraître).

3. Formalisation des raisonnements

La recherche en cours se caractérise par deux types d'approches permettant d'affaiblir ou de contourner les butoirs théoriques évoqués plus haut. L'une, qui correspond à une démarche elle-même théoricienne, vise à élargir les classes d'inférences représentables formellement, au-delà des formes classiques de la déduction définie dans le cadre de la logique standard; on pourrait dire de la deuxième qu'elle relève davantage de l'art du bricolage cognitif dans la mesure où elle s'intéresse d'abord à définir des formalismes permettant de paraphraser au mieux connaissances et inférences sans trop se soucier de savoir si ces formalismes vérifient les conditions de consistance, de complétude, de décidabilité... qui garantissent théoriquement le bon achèvement des calculs.

Approche théorique

Un des traits les plus remarquables de cette approche est qu'elle fonde un nouveau type de dialogue entre informatique, logique et linguistique (Borillo et al., 1982). En effet, toute préoccupée par les fondements de la mathématique, la logique classique s'est peu intéressée à certains types d'inférence mis en jeu dans le raisonnement «naturel» (ainsi nommé, en première approximation, par opposition au raisonnement mathématique) conduit à l'aide du langage courant dans des constructions dont la complexité a été bien décrite par des auteurs comme Perelman (1970) ou Blanché (1973) qui ont montré l'impossibilité de formaliser le raisonnement dans toute son étendue mais qui ont proposé des typologies fondées sur l'observation des différentes figures ou des différents procédés mis en œuvre par le langage pour le construire.

Parallèlement pourrait-on dire, des recherches de nature plus formelle se sont attachées à décrire des catégories restreintes de raisonnements (le raisonnement plausible, Rescher, 1976; le raisonnement inductif, Adjukiewiecz, 1974) ou certains types d'inférences (les modalités, quelques schèmes analogiques...); ou encore, à un niveau plus élémentaire, des classes de phénomènes sémantiques naturels où la substitution co-référentielle n'est pas permise comme c'est le cas pour les systèmes de croyances, de connaissances, de possibilités... qui ne sont pas représentables dans le langage standard de la logique extensionnelle.

Ces recherches ont pour première conséquence d'élargir considérablement le champ des phénomènes logico-sémantiques du langage naturel qui s'expriment rigoureusement dans un langage formel. Elles sont menées par des logiciens et des linguistes (S. Kripke, J. Hintikka, J. Searle...), rejoints depuis peu par des informaticiens (Mc Carthy, Moore, Manna...) et elles ont conduit en particulier à un développement remarquable des logiques intensionnelles dont on trouvera une introduction très élémentaire dans Allwood et al. (1979) et une exposition en profondeur dans Cresswell (1973). Le langage de ces logiques a sur d'autres formalismes l'avantage d'intégrer dans les mêmes traitements les aspects «représentation des connaissances», qui reposent sur le remarquable pouvoir expressif des formalismes intensionnels et les aspects «formalisation du raisonnement» qui sollicitent plutôt leurs composantes inférentielles.

Mais si pour le linguiste et parfois pour le logicien, définir un système formel pertinent pour un certain type de problèmes et un certain domaine, cela voudra dire qu'il traduit correctement les inférences mises en jeu dans le raisonnement qui conduit à la solution, en paraphrasant les significations qui y sont exprimées, pour l'informaticien cette théorisation progressive de certains champs de significations naturelles n'est utilisable, strictement parlant, que si elle satisfait aussi les grandes catégories d'exigences qui lui sont propres : a) les théories proposées par les logiciens et linguistes doivent être décidables, pour que l'on puisse avoir l'assurance (théorique) que les calculs aboutiront, ce qui impulse des recherches logico-informatiques originales en logique non classique (un exemple in Fariñas del Cerro, Orlowska, 1983); b) on doit pouvoir mettre en œuvre effectivement ces nouveaux systèmes formels sur des ordinateurs avec des langages de programmation existants, ce qui suppose que soient également définies de nouvelles procédures automatiques de preuve.

Cette approche conduit à des résultats essentiellement théoriques, même si des applications comme par exemple l'intégration de modalités dans des langages logiques de programmation en dérivent directement (Fariñas del Cerro, Lauth, 1982). Le sens profond de l'entreprise réside dans l'élargissement des classes de problèmes pour lesquels on prouve que les systèmes sont capables de prendre des décisions cohérentes. On peut également penser qu'à partir du moment où l'on est en mesure de poser en termes rigoureux des problèmes de «représentation des connaissances et formalisation du raisonnement», une méthodologie du même type peut se révéler féconde pour l'informatique fondamentale, en particulier dans la théorisation de cette chaîne essentielle d'activités qui va de la spécification formelle d'un problème «informe» jusqu'à la vérification des propriétés structurelles du programme correspondant. Le rôle grandissant joué par les sémantiques intensionnelles dans l'axiomatisation des programmes paraît révélateur d'une convergence qui n'a pas encore porté tous ses fruits (une synthèse de ces questions dans Audureau, Fariñas del Cerro, à paraître en 1984).

Approche pragmatique

Cette approche se distingue fondamentalement de la précédente en ce qu'elle vise en premier lieu à mettre au point des systèmes qui réalisent des performances jugées acceptables dans le cadre opératoire où ils sont insérés — de la robotique à l'interrogation «intelligente» de bases de données textuelles — selon des critères comme le temps de réponse, le taux d'erreurs, le prix de revient... Les préoccupations théoriques passent au second plan, ce qui signifie que l'on renonce à la *garantie* de fonctionnement correct du système jugée trop limitative quant aux domaines d'application possibles et parfois trop lourde quant aux conditions de sa mise en œuvre sur machine.

D'un point de vue méthodologique, la distinction déjà signalée entre capacités expressives et capacités déductives du langage logique rend assez bien compte de la différence fondamentale entre les deux attitudes. Dans l'approche pragmatique, alors que les propriétés expressives sont utilisées aussi complètement que possible, les règles de déduction valide sont remplacées par des règles de transformation qui représentent les inférences du raisonnement que l'on veut simuler. On exige seulement qu'elles soient mécaniquement exécutables, non que le système soit nécessairement consistant.

Les risques d'erreur, de contradiction, de circularité, sont acceptés comme étant le prix à payer pour pouvoir représenter des formes plus larges de raisonnement que le raisonnement valide et pour pouvoir l'appliquer dans les domaines les plus divers. Les systèmes de «représentation des connaissances et de formalisation du raisonnement» prennent alors des formes extrêmement variées qui peuvent être celles des langages logiques classiques ou non classiques évoqués plus haut — mais sans leurs structures déductives remplacées ici par des structures ad hoc. D'autres techniques plus spécifiques ont été mises au point par l'informatique (aidée le cas échéant par la psychologie cognitive), par exemple: la génération de plans, où le problème est de définir par des règles de réécriture ou des règles de production une séquence d'actions permettant de passer de l'état initial d'un système à son état souhaité, l'espace des solutions étant représenté par un graphe exploré selon des stratégies de recherche sophistiquées; les réseaux sémantiques à attachements procéduraux, dont les éléments, sommets ou arcs, représentent selon le cas les entités, leurs propriétés, des relations logico-sémantiques de diverse nature (héritage de propriétés, inclusion de classes, négation...) permettant d'effectuer des inférences. Et bien d'autres encore (pour un panorama rapide, voir « The Handbook of Artificial Intelligence », 1983, une mise en perspective de l'approche pragmatique dans Simon, 1983).

La mise en œuvre de ces systèmes soulève deux problèmes majeurs. En premier lieu, la nécessité de réduire le nombre théoriquement imprévisible des échecs, qui viennent essentiellement de la difficulté de passer de la cohérence locale des entités logico-sémantiques représentées — elle est en principe assurée par le fait qu'elles expriment à un niveau élémentaire l'expérience ou l'intuition de l'expert — à la cohérence globale du système qui est pratiquement incontrôlable empiriquement du fait de l'explosion combinatoire des associations possibles entre entités élémentaires. Enfin, un ensemble de problèmes techniques liés aux temps d'exécution et aux coûts de mise en œuvre qui proviennent aussi, pour l'essentiel, de la dimension combinatoire des appariements nécessaires à la recherche des solutions[3]. De très nombreux travaux sont actuellement consacrés à ces questions, aussi bien pour améliorer la cohérence des systèmes de représentation (introduction de probabilités, de pondérations...) que pour mettre au point des algorithmes de décision plus efficaces. Ils sont de nature mathématique et informatique, par exemple pour définir des heuristiques permettant de faire l'économie du plus grand nombre possible d'opérations. Mais il est remarquable que l'on tente de plus en plus d'associer ces recherches formelles à des comparaisons systématiques sur la manière dont l'expert humain conduit empiriquement ses raisonnements.

4. Machiner avec des raisons

Comme on pouvait s'y attendre, ce n'est pas dans l'explicite de son rêve de mécanisation progressive du raisonnement — un domaine après l'autre — que l'«intelligence artificielle» manifeste ce qu'elle peut réellement apporter à l'étude du raisonnement. Autant cette ambition se révèle naïve lorsqu'elle pose le succès de l'entreprise au terme d'un effort obstiné de résolution des difficultés attachées à la diversité des domaines empiriques, sans prendre garde à ce que cette approche «extensionnelle» est probablement sans fin, sans tenir comp-

---

[3] Ces difficultés se rencontrent aussi dans les systèmes mieux définis théoriquement, la garantie de décidabilité ne s'accompagnant pas nécessairement d'indications sur les procédures optimales.

te, surtout, des limites théoriques connues qui bornent une telle ambition — on pense irrésistiblement aux projets de traduction automatique conçus dans les années 50 — autant il apparaît déjà que les recherches en «intelligence artificielle» conduites avec le double souci de la rigueur conceptuelle et du réalisme fonctionnel (pour ne pas dire économique) sont susceptibles de contribuer de manière originale et stimulante à un projet scientifique de très illustre tradition — l'analyse du raisonnement — qui apparaît aujourd'hui comme l'un des thèmes prioritaires de la connaissance, où se retrouvent neurologues, psychologues, linguistes, logiciens, informaticiens, philosophes...

La rigueur conceptuelle se traduit par les résultats théoriques évoqués aux §§ 2 et 3 qui spécifient les connaissances logico-mathématiques sur la décidabilité des systèmes formels, qui étendent l'ensemble des phénomènes logico-sémantiques naturels formalisables, qui définissent des méthodes de calcul effectives, bref qui balisent très partiellement au plus haut niveau d'exigence formelle (le niveau «mécanique») l'étendue immense, probablement coextensive au langage, des raisonnements que nous pouvons concevoir et communiquer. Savoir dans quelle perspective-limite se place cet effort ascétique est affaire de philosophie. Où passe l'asymptote du formalisable? Où s'inscrit le raisonnement entre la logique formelle et l'argumentation? Est-il tributaire lui aussi, comme le pense Grize (1983) avec d'autres philosophes, d'un *sujet* dont l'incontournable prise en compte exigerait la conception d'une «logique naturelle» irréductible à la logique formelle? Ces questions et d'autres tout aussi fondamentales ne trouveront certainement pas de réponse dans les recherches théoriques évoquées ici, même si l'on ne voit pas comment une réflexion contemporaine sur l'ontologie des processus cognitifs pourrait faire désormais l'économie de travaux qui maintiennent à son plus haut degré la tension entre le formel et le discursif.

En tout état de cause, ce n'est pas exclusivement sur le plan de la pure théorie que l'informatique, à travers l'«intelligence artificielle», concourt à cet effort. Nous avons déjà signalé (§ 3) comment le souci d'aboutir à des systèmes fonctionnels avait conduit à affaiblir les conditions formelles trop restrictives afin d'élargir la classe des raisonnements implémentables, en soulignant que cet affaiblissement pouvait ne pas faire perdre un dimension essentielle de la description, à savoir l'explicitation et la régularité. Même affaiblies théoriquement, ces descriptions ouvrent une intéressante perspective qui a été peu exploitée. En tant qu'expressions symboliques réglées dans un langage formel, elles peuvent faire l'objet d'études structurelles auxquelles les descriptions discursives ne se prêtent pas, ou se prêtent mal. L'articulation des différentes composantes d'une classe de raisonnements serait ainsi analysable comme cela a été fait pour ces constructions elles-mêmes très contraintes que sont les contes traditionnels. De fait, c'est ce type d'exigence que manifestent aujourd'hui les informaticiens lorsqu'ils affirment la nécessité d'un effort de classification et de synthèse qui permettrait de mieux comprendre les relations qui existent entre les très nombreux «systèmes de représentation des connaissances et des raisonnements» qui ont été proposés.

Pour l'informaticien, l'intérêt principal de ces taxinomies serait de fournir des critères de choix pour aboutir à des dispositifs plus pertinents, plus fiables, plus économiques... Car le point essentiel est précisément la perspective opératoire qui s'ouvre ainsi, la possibilité pour le chercheur — informaticien, psychologue, neurologue — de mettre le modèle qu'il a conçu en situation de produire des inférences contrôlables, bref d'entrer dans la dynamique de la mise à l'épreuve expérimentale, à une échelle et avec une maîtrise de la complexité que l'informatique rend accessibles.

Pour les disciplines où le raisonnement n'est pas en lui-même objet d'étude mais où la nature de ceux qu'on y conduit est suffisamment énigmatique pour que le statut scientifique des connaissances produites et couramment discutées y soit entaché d'une incertitude fondamentale, toute élucidation, même partielle, de ce qui constitue l'art de raisonner ne peut manquer d'être éminemment souhaitable. Encore qu'il faille se garder des illusions qu'engendre souvent la réflexion formelle. Comme le dit Blanché : « *Un moule à raisonnements n'est pas un raisonnement, pas plus qu'un moule à gâteaux ne peut être mangé comme dessert* ».

Chapitre 2
Formalisation dans les sciences de l'homme

Informatique et démarche formelle dans les sciences de l'homme

L'informatique est entendue ici non seulement comme un outil d'une puissance sans précédent pour le «traitement de l'information», mais aussi comme un ensemble de constructions formelles (langages, codes, algorithmes, etc.) qui sont la réalisation de méthodes d'analyse et de représentation des phénomènes depuis le niveau de l'observation empirique jusqu'à celui de l'élaboration de théories formelles.

Ces méthodes sont de nature sémiologique et linguistique aussi bien que mathématique et logique. La tradition mathématicienne et physicienne a privilégié ces dernières, au point que dans le langage des scientifiques le formel et le mathématique sont pratiquement synonymes. C'est ignorer que depuis le début de ce siècle un certain nombre de disciplines comme l'anthropologie culturelle, la linguistique, la psychologie, le droit... sont parvenues à exprimer quelques-uns de leurs résultats théoriques à l'aide de formalismes nouveaux. Quelles que soient leurs propriétés structurelles spécifiques, c'est-à-dire mathématiques, ces formalismes ont en commun d'avoir été conçus pour représenter des univers relevant des sciences humaines, c'est-à-dire des univers où la description réglée des phénomènes et des documents est, à la différence des sciences de la nature, un problème qui n'a pas reçu de solution générale satisfaisante¹. A travers ces avancées, la recherche en sciences humaines dessine la rencontre entre certaines de ses préoccupations méthodologiques ou théoriques et l'élargissement de la notion classique de formalisme. L'informatique stimule cette évolution dans la mesure où l'accès à ses possibilités opératives passe par la définition de systèmes de représentation pertinents².

Nous proposons d'appeler «sémiologiques» ou «linguistiques», les méthodes par lesquelles de telles représentations régulières ont été élaborées, parce qu'elles découlent d'une position d'analyse qui envisage l'univers sous examen comme un système de signes qui se trouvent être fréquemment linguistiques puisqu'il s'agit des sciences humaines. D'ailleurs, l'expérience a progressivement dégagé une sémiologie et une linguistique formelles, fort éloignées des acceptions «littéraires» de ces termes mais proches par contre de certaines constructions que l'informatique, en tant que dispositif de traitement de signes, a développées pour son propre compte. L'hypothèse qui sous-tend notre propos est que cette convergence est plus significative de ce que les sciences humaines et l'informatique peuvent mutuellement s'apporter que telle ou telle technique particulière de calcul. Les aspects instrumentaux sont loin cependant d'être négligeables : ils permettent de mettre en œuvre dans sa dimension véritable, ce que l'on a appelé la «pensée formelle» (Granger, 1960), et ce faisant ils en dévoilent progressivement toutes les conséquences pour les sciences humaines.

Le rôle de l'informatique s'éclaire mieux en distinguant les principaux niveaux où se situent les fonctions qu'elle est susceptible de remplir. Sur le paradigme habituel de la formation des connaissances, on opposera pour simplifier les deux pôles suivants :

• Celui de la decription comme *paraphrase réglée* de l'observation, comme transcription codée du savoir disponible (la constitution des données) où l'incarnation informatique, dans l'acception extensive que nous lui donnons ici, prend la forme de langages de représentation, de «codes», etc. Les problèmes à résoudre sont évidemment fort différents selon la nature des sources d'information (textes, comporte-

---

[1] Peut-être parce qu'il n'a été traité concrètement que depuis peu et de manière locale ; mais aussi, probablement, parce que les critères d'objectivité de la description posent différemment, dans le cas des sciences humaines, le problème fondamental du sujet connaissant.
[2] Pertinence fonctionnelle par rapport à l'ordinateur, qui écarte le discours traditionnel. Mais surtout pertinence théorique : des objets et des problèmes différents (de ceux des sciences de la nature) ont toutes chances de susciter des systèmes de représentation nouveaux.

ments, images, objets...), selon les objectifs au profit desquels sont constituées les données. L'automatisation des tâches de gestion d'un ensemble d'éléments (collection) ne fait pas nécessairement appel aux mêmes représentations qu'une analyse structurelle. L'informatique contraint le savant à poser le problème classique de la description pertinente dans des termes nouveaux, c'est-à-dire redoutablement dépourvus d'ambiguïté. En contrepartie, elle permet d'explorer jusqu'au bout les implications de chaque option descriptive. Elle donne ainsi les moyens — logiques et opératoires — de mettre à l'épreuve les choix, les conventions; d'éclairer, ne serait-ce qu'en partie, les présupposés implicites de l'analyse.

• Le deuxième pôle est celui de la *structuration* des données, en vue de «modéliser» les phénomènes, en entendant par là la mise en évidence d'éventuelles régularités qui ordonnent les phénomènes (ou plutôt leur description); et plus généralement la recherche d'articulations logiques nouvelles qui permettent d'appréhender avec plus de «puissance» explicative des classes plus étendues de phénomènes[3]. Les instruments sont généralement dans ce cas de nature statistique, mathématique et logique. Mais leur rigueur intrinsèque ne doit pas faire illusion. Elle ne garantit pas à elle seule le statut scientifique des résultats. Il n'est pas inutile de rappeler que les contructions formelles obtenues — les «résultats du calcul» — ne sont justifiées et ne trouvent leur sens que dans le cadre de raisonnements bien conduits. Si la formalisation permet de mieux cerner les problèmes de cohérence, c'est précisément parce qu'elle introduit une plus grande transparence sur le statut logique des propositions. Les procédures de validation ne seront pas les mêmes selon qu'on aura affaire à des propositions conjecturales, à des configurations heuristiques dans certains espaces de représentation, voire à certains «théorèmes» déduits de résultats antérieurement établis. Pourtant le plus difficile n'est peut-être pas là, mais dans le retour des formes au sens, dans l'interprétation qui restitue aux formalismes les significations propres au domaine étudié. La rigueur s'affronte alors aux raccourcis de l'intuition et aux limites du langage dans son aptitude à exprimer certaines propriétés structurelles.

Qu'il s'agisse des contraintes qui pèsent sur le rôle du discours dans les énoncés théoriques, de la définition des fondements logiques de

---

[3] On se place ici dans une perspective scientifique et non pas gestionnaire. Cette distinction est importante, les critères d'adéquation fonctionnelle étant différents des critères de recevabilité théorique. Ces derniers varient d'ailleurs selon les courants de la pensée épistémologique (pour une présentation systématique, voir par exemple G. Radnitzky, 1970).

l'argumentation ou de la nature des rapports du théorique à l'empirique, le recours à l'informatique soulève de proche en proche un certain nombre de questions qui vont bien au-delà de la simple instrumentalité. Ces questions ne sont pas nouvelles. Elles sous-tendent les discussions sur le formalisme ou le structuralisme, pour reprendre les termes le plus souvent employés.

La puissance de la technologie, son emploi multiforme à tous les stades du travail scientifique, concourent cependant à faire sortir le débat de la spéculation principielle pour l'introduire concrètement dans la réalité quotidienne de la recherche, même si c'est encore de manière implicite ou fragmentaire. Par l'imbrication de sa réalité physique et de ses constructions abstraites, l'informatique s'inscrit à la charnière des sciences expérimentales et des sciences formelles, par conséquent dans le cadre de ce qu'il est convenu d'appeler la philosophie analytique. En l'utilisant, le chercheur tend à placer certaines parties de son travail dans ce cadre, quels que soient par ailleurs ses présupposés épistémologiques globaux. Ainsi, par le biais de la pratique, peuvent se trouver subrepticement juxtaposées au sein d'une même construction des conceptions différentes de la science, et plus précisément dans le cas des sciences humaines, les conceptions herméneutique, dialectique et analytique des fondements logiques du raisonnement. Quelques signes semblent indiquer qu'il y aurait dans cette voie matière à un examen précis, quasi expérimental, du problème essentiel que pose une telle confrontation [4].

Il est dommage que le sens des transformations que l'informatique risque de provoquer dans le statut même des sciences humaines n'ait pas encore fait l'objet de l'attention qu'il mérite. Car l'informatique apporte d'ores et déjà une capacité nouvelle de représentation des phénomènes, tandis que sous son aspect purement instrumental, elle permet d'appréhender en extension des segments de plus en plus éten-

---

[4] Dès qu'elle envisage la simulation du raisonnement (Boden, 1977) dans des situations qui ne sont pas aussi étroitement contraintes que la démonstration de théorèmes ou les jeux (échecs, go, etc.), l'informatique est obligée de se pencher sur la «représentation des connaissances» (telles que véhiculées par le discours), sur les logiques intensionnelles, sur l'induction et l'analogie (IJCAI, 1977). Pour les problèmes théoriques que nous évoquons, il est intéressant de rapprocher ces développements récents de la recherche en informatique de l'évolutiion d'une certaine pensée épistémologique. Bien que restant dans la tradition de la philosophie analytique, elle cherche à proposer des systèmes dont seraient absentes les (des) conditions de vérité manifestement inapplicables aux sciences humaines (Popper, parmi les premiers; plus récemment par exemple, Feyerabend, 1970). Elle tente aussi d'analyser systématiquement les rapports avec la philosophie herméneutico-dialectique (par exemple: Radnitzky, op. cit.; Malherbe, 1976).

dus (mais sont-ils de plus en plus significatifs?) du monde empirique. On sait que le «langage scientifique» assure, du point de vue intrinsèque, deux fonctions principales qui sont la description phénoménale (les énoncés de base) et l'articulation structurelle des éléments descriptifs (les modèles). Le degré de formalisation du langage scientifique varie bien entendu d'une discipline à l'autre. Très étendu pour la mathématique et la physique théorique, il est fort réduit pour les sciences humaines (parmi les exceptions mentionnées au début de ce texte, certains éléments de la phonologie et de la syntaxe des langues naturelles, quelques secteurs de l'économie, de la psychologie...); dans la plupart des cas, le «discours scientifique» non formalisé joue le rôle principal, qu'il s'agisse des énoncés théoriques, de la description des phénomènes ou du raisonnement qui les lie.

L'avenir décidera du pari épistémologique évoqué plus haut. Si son issue devait pencher en faveur des conceptions formelles du savoir, l'informatique constituerait un facteur essentiel dans la progressive formalisation de telle ou telle partie des sciences humaines. Comme son infrastructure matérielle est elle-même profondément bouleversée par le développement des télécommunications, la question se pose de savoir quel serait le rôle dans cette évolution conceptuelle des nouvelles technologies de la communication, d'autant que l'impact social de ces technologies laisse évidemment prévoir qu'elles constitueront en tout état de cause un facteur très important dans les conditions d'élaboration et dans la destination des sciences humaines.

En ce qui concerne la préhension du monde empirique, et pour s'en tenir à l'essentiel, il est clair que la possibilié de collecter l'information, d'intégrer dans les mêmes recherches des phénomènes (en fait leur représentation par des données) en abolissant pratiquement l'espace grâce aux réseaux de bases de données et au télétraitement, constitue un puissant facteur multiplicateur. De ce point de vue, la téléinformatique matérialise la synergie des projets locaux, potentiellement à l'échelle de la planète. En fait, cette vision techniciste sous-estime un certain nombre de facteurs aussi différents que l'économie de la recherche, les pesanteurs des pratiques et des cultures scientifiques, la spécificité des projets de connaissance.

L'interactivité constitue également un facteur dont la nature technique ne doit pas masquer qu'il est porteur d'effets directement conceptuels. L'informatique interactive permet en effet à l'expert, au savant, de faire participer la part implicite ou ambiguë de son savoir — c'est-à-dire une part non formalisée de son discours scientifique — à l'élaboration formelle globale que l'informatique concrétise. Ceci pose d'ailleur des questions nouvelles sur le plan méthodologique dans la mesure où le prérequis de la description objective et régulière des phénomènes, qui semblait jusqu'ici incontournable, se voit dans une certaine mesure offrir une alternative, ou un équivalent, par la possibilité de mettre à l'épreuve de manière quasi instantanée les options et les biais du chercheur. Le résultat, en tout état de cause, a une signification pragmatique qui rejoint, par d'autres moyens, celle que l'on peut prêter aux télécommunications[5]. L'évolution de la technologie a pour effet d'étendre le pouvoir de représentation symbolique du monde que les formalismes, à différents niveaux d'abstraction[6], sont susceptibles d'apporter aux sciences humaines.

Mais la complexité de ces interactions ne s'arrête pas là dans la mesure où, en sens inverse, tout élargissement de la part formelle du discours scientifique se traduit par une extension des segments de ce discours qui peuvent être pris en charge sans difficulté par les dispositifs techniques de communication, aussi bien dans le rapport homme-machine que machine-machine. Que toute information (connaissance) doive être formalisée pour être soumise à un traitement — ou télétraitement — les informaticiens le savent si bien que, sans attendre des sciences humaines qu'elles procèdent à leur éventuelle «mutation», ils poussent activement un nouveau thème de recherches qui a déjà été mentionné, la «représentation des connaissances». Certes, il s'agit encore de sens commun plutôt que de connaissance ayant statut scientifique, et la représentation est paraphrase superficielle plutôt que «structure profonde». Mais ces représentations et ces connaissances peuvent suffire pour piloter des robots industriels ou communiquer en clair avec des bases de données spécialisées, plus largement pour décrire des comportements, des organisations... Non qu'il s'agisse dans ce contexte d'en faire la théorie — en l'état actuel des recherches, ces descriptions procèdent rarement à partir des présupposés théoriques qui seraient nécessaires. Plus simplement, l'objectif est d'avoir à disposition une représentation des phénomènes qui permette leur gestion plus ou moins «optimale», ce qui exige que les représentations circulent aisément sur les réseaux. Les «données» apportent précisément

---

[5] On ne peut manquer d'observer que la rapidité du progrès des instruments excède celle de leur utilisation intelligente. Il suffit de penser à la miniaturisation des composants.

[6] Le pouvoir d'abstraction constitue le ressort logico-formel permettant d'articuler avec cohérence au sein d'une même problématique des champs phénoménaux distincts : ce que l'on appellera, selon la nature de l'articulation, pluridisciplinarité ou transdisciplinarité.

cette facilité, et ainsi les formalisations étendent-elles et renforcent-elles les effets propres des techniques de communication dans la préhension du monde.

Sciences humaines, téléinformatique et société

La distinction entre finalités *cognitives* (théoriques) et finalités *fonctionnelles* (pragmatiques) est essentielle pour comprendre le sens de la partie en cours. La formalisation comme démarche intellectuelle, l'informatique et les télécommunications comme technologies, s'associent aujourd'hui pour permettre de former des représentations de l'homme et de la société sans précédent en ce qui concerne simultanément : i) la correspondance des phénomènes aux signes, ii) l'extension et la complexité du monde représentable et iii) la capacité opératoire de manipulation symbolique. L'ambiguïté réside dans ce que ces dispositions en elles-mêmes ouvrent aussi bien de nouveaux savoirs que de nouveaux savoir-faire.

A cette distinction entre visées — qui n'implique en rien dans notre esprit l'autonomie des deux catégories ci-dessus — devrait être superposée une distinction, également sans implication d'autonomie, entre domaines d'intervention, tant il est évident que le rôle de la téléinformatique est différent par nature selon qu'elle s'applique à la production des biens, à l'administration des choses, à la gestion des ressources... ou aux valeurs, aux concepts, aux individus, aux formes sociales et politiques. Dans le premier de ces domaines (les choses), la part du monde « naturel » est importante et les finalités qu'on s'y assigne sont d'autant plus faciles à formuler qu'on pourrait dire, en schématisant quelque peu, quelles reviennent à optimiser une « fonction économique » dont les termes sont explicites, ou le deviennent aisément dans les cadres socio-politiques dominants, tant en ce qui concerne les données que les critères d'optimalité. Rien d'étonnant par conséquent à ce que la téléinformatique s'y coule avec une terrible efficacité. Il en va tout autrement dans le deuxième cas (les hommes) pour lequel, au moins comparativement, manque l'information (ou qui pose, lorsqu'elle existe, de graves problèmes d'explicitation et d'objectivation), pour lequel manquent aussi les connaissances théoriques (à moins qu'il ne s'agisse d'un excès de théories, mais de théories telles que leurs rapports, entre elles et avec les présupposés de la démarche formelle sont encore largement inconnus) et où définir une « fonction » et expliciter les critères de son « optimalité » soulève d'emblée un débat fondamental non seulement sur le plan des valeurs et des principes (politiques, éthiques...) mais aussi sur la nature même de la logique sous-jacente, comme nous l'avons indiqué plus haut.

La gravité du problème posé par la téléinformatique tient à ce que ses effets sur le plan des choses sont si effectifs qu'ils se répercutent avec violence sur tous les aspects de la vie individuelle et sociale; et qu'en même temps, peut-être à cause de ses «succès» dans ce domaine, son usage tend à être transposé au domaine de l'humain dans la même perspective pragmatique, alors que ni théoriquement ni fonctionnellement ne sont vérifiées les conditions minimales de connaissance. Ainsi se conjuguent la forme la plus aboutie de la technologie de la nature et une technologie nouvelle de l'homme et de la société. Mais alors que la première se réfère à une connaissance théorique qui permettrait le cas échéant de maîtriser ses effets et en particulier de les orienter selon telle ou telle option sociale, éthique, politique... nul n'est en mesure aujourd'hui de dépasser sérieusement, pour la deuxième, la perception de ses effets fonctionnels immédiats. Si l'on admet que ces technologies sont entrées en scène pour ne plus en ressortir, on conçoit que parmi les tâches de toute nature à développer d'urgence, le projet de connaissance dans les sciences de l'homme et de la société soit l'un des plus importants.

Face à ces problèmes, les prescriptions normatives que le corps social s'adresse à lui-même sous forme de lois, de dispositions administratives, pour bien intentionnées qu'elles soient, n'ont que peu de chances d'atteindre leurs objectifs sans une connaissance aussi profonde que possible des phénomènes provoqués par l'irruption des technologies de la communication et du traitement de l'information. Ces technologies sont les agents d'importantes transformations économiques, sociales, politiques, culturelles. Le point négligé jusqu'à présent est qu'elles peuvent aussi devenir des instruments susceptibles de favoriser une meilleure compréhension de leur propre rôle. La question est de savoir si les modifications méthodologiques et pratiques qu'elles permettent d'introduire dans les sciences de l'homme et de la société sont de nature à doter ces dernières des capacités analytiques et explicatives nécessaires pour appréhender la complexité des problèmes auxquels ces mêmes technologies nous confrontent.

L'urgence d'un travail de réflexion, de recherche et d'expérimentation sur l'ensemble de ces thèmes est à la mesure de la gravité des problèmes et de notre ignorance à leur sujet. De manière plus précise, deux axes de recherche semblent particulièrement importants:
• Au niveau le plus fondamental, un travail de clarification sur la nature et le statut des connaissances sur l'homme et la société, en

particulier en ce qui concerne les rapports entre les fondements des diverses conceptions théoriques concurrentes. On attend en premier lieu de cette démarche qu'elle éclaire sur la portée des connaissances liées à la démarche formalisatrice et par ce biais sur le rôle cognitif qui pourrait être joué par les nouvelles technologies. Sans exclure une réflexion purement spéculative, des recherches expérimentales sur différents types[7] de discours scientifiques en sciences humaines (types définis non seulement par leur contenu thématique mais aussi selon la nature logique de l'argumentation qui s'y déploie) permettraient peut-être de reconnaître des faits, des articulations, ayant échappé à la réflexion purement philosophique.

• De pair avec les précédentes, dont elle pourraient d'ailleurs constituer une incarnation, une double exploration centrée précisément sur les interactions (informatique + télécommunications ⇌ société). En effet, il est assez frappant de constater que peu d'attention a été consacrée jusqu'à présent à l'exploration des relations qui peuvent exister, au-delà de la perception superficielle des effets immédiats de ces technologies, entre ce qu'elles sont conceptuellement, formellement, technologiquement, la manière dont elles sont mises en œuvre sur les plans industriel, économique, social, politique, culturel, et ce que sont les sociétés qui les produisent et les utilisent. Autrement dit, le contraste est flagrant entre l'abondance des gloses, parfois des analyses, sur le thème de l'impact des nouvelles technologies, et la rareté des études sur les relations (que l'on pourrait qualifier de réciproques) qui articulent le développement de tel ou tel aspect de ces technologies sur tel ou tel «trait de société». Il ne fait aucun doute pourtant que leurs effets ne sauraient probablement être maîtrisés s'ils ne sont au moins partiellement compris. Comme productions sociales, il importe donc de tenter non seulement de décrire leur action mais aussi de cerner ce qui, dans la société, contribue à les construire telles qu'elles sont et à les utiliser ainsi.

La conjugaison des recherches empiriques et de l'expérimentation théorique permettra peut-être d'explorer sérieusement les perspectives scientifiques que la pensée formelle propose aux sciences humaines. Cette tâche est d'autant plus importante qu'elle est pour le moment le seul cadre conceptuel qui puisse mobiliser, à des fins de connaissance, les capacités de manipulation symbolique des nouvelles technologies.

---

[7] Ces recherches rejoindraient celles des logiciens du langage, mais avec des préoccupations empiriques plus étendues; et celles des informaticiens travaillant sur la «représentation des connaissances», mais à un niveau théorique plus profond.

Chapitre 3
Les sciences de l'homme dans le développement de l'informatique

Dans l'analyse des relations entre informatique et sciences de l'homme, l'attention s'est jusqu'ici portée sur l'impact que l'informatique ne pouvait manquer d'avoir sur la recherche en sciences humaines. Et ceci non seulement du point de vue des résultats scientifiques mais aussi sous l'angle de l'organisation de la recherche, de son économie, de l'enseignement des sciences humaines, voire de leurs applications.

On examine maintenant la proposition en quelque sorte réciproque, à savoir les effets sur la recherche en informatique qui pourraient provenir de sa rencontre avec les sciences de l'homme. Il apparaît que cet examen, pour le limiter bien entendu à ce qui concerne la recherche en informatique, peut se distribuer sur quatre plans de nature assez différente. Je distinguerais pour ma part:

— les aspects «diffusion», c'est-à-dire les nouveaux domaines d'application ouverts à l'informatique;

— les aspects fonctionnels pour l'informatique, ce que certaines disciplines des sciences de l'homme peuvent apporter au développement et à l'innovation techniques;

— les aspects scientifiques, sous l'angle des suggestions théoriques et méthodologiques que peuvent faire les sciences de l'homme;

— enfin, il serait grave d'oublier la dimension humaniste, les références éthiques auxquelles l'informatique devrait s'ouvrir par son dialogue avec les sciences de l'homme, au-delà des considérations strictement techniques ou économiques qui circonscrivent jusqu'ici ses rapports au monde social.

1. Les sciences de l'homme comme nouveau domaine d'application

Bien entendu, cette nouveauté est relative et l'informatique n'a pas attendu ces dernières années pour jouer un rôle important dans l'économie, dans la gestion des activités et des biens et même dans le «contrôle» social.

La nouveauté, nous le savons, réside dans le rôle dévolu à l'informatique et spécialement à ces artefacts matériels et conceptuels que sont les bases de données comme outils pour la *recherche* en sciences humaines. Au même titre — mais pas dans les mêmes conditions — que cela se produit depuis 35 ans pour la physique, la chimie, l'astronomie, plus récemment la biologie...

Je reviendrai sur ce que la différence fondamentale entre sciences de la nature et sciences de l'homme est susceptible, à mon sens, d'induire pour l'informatique sur le plan scientifique. Je me borne simplement ici à évoquer les incidences en termes de «marché», à signaler ce qui se traduit de façon brutale par des déséquilibres dus au poids du calcul dans les budgets des équipes de recherche en sciences humaines. Et je pense également à l'apparition de plus en plus fréquente de techniciens ou de chercheurs en informatique dans ces équipes aux côtés de sociologues, de politologues, de linguistes, d'anthropologues, d'historiens...

Bien entendu, cette extension du «marché» de l'informatique ne se manifeste pas seulement en termes financiers et en termes de créations d'emplois pour informaticiens. Des effets plus subtils sont également prévisibles, sinon encore observables: on peut poser la question de savoir si l'alliance des sciences humaines et de l'informatique va être capable d'ouvrir des débouchés nouveaux pour les sciences humaines, que l'on supposera dotées alors de plus de capacités applicatives; et si celles-ci n'entraîneront pas indirectement de ce fait l'informatique elle-même.

Peut-être faudrait-il également s'interroger, sur le plan des représentations collectives, au sujet des éléments de légitimation symbolique que l'informatique peut éventuellement trouver dans son association avec les sciences humaines, à l'heure où dans certains pays son image sociale se dégrade fortement.

2. Les sciences de l'homme comme sources de savoir et comme provocation à de nouvelles recherches théoriques et méthodologiques

Sous ce thème, je rangerai les aspects plus intrinsèquement scientifiques de l'apport des sciences de l'homme. Il est important, pour explorer la complexité de ces relations, de distinguer deux choses: d'une part l'apport de savoir, la connaissance, l'expérience... que les sciences de l'homme ou du moins certaines de leurs disciplines peuvent mettre à disposition du développement de telle ou telle activité informatique. Et d'autre part, les incitations, les «provocations» à de nouvelles recherches que les sciences de l'homme soumettent à l'informatique sous la forme de problèmes inédits, de questions non encore traitées dans la tradition scientifique dans laquelle elle s'inscrit.

Je retiendrai d'abord cette dernière perspective, qui me paraît conduire à des réorientations plus radicales, même si les deux plans (que l'on pourrait approximativement caractériser comme: contenu thématique du savoir pour le premier, structure du savoir pour second) sont évidemment solidaires.

Dans cette optique qui consiste donc à tenter de cerner le soubassement le plus abstrait de ces lignes d'influence, il est clair que les notions de donnée, de base de données, de système de gestion de base de données, et même celle de modèle ou celle de procédure de mise à l'épreuve de conjectures peuvent être rassemblées sous les notions de *systèmes de représentation* et de *système de manipulation des représentations*, quelles que soient par ailleurs les caractéristiques formelles de ces systèmes, leur structure logique et sémantique, les propriétés de leur incarnation physique dans un dispositif de calcul. C'est sur ce plan, à ce niveau fondamental, que se situent les éléments peut-être les plus significatifs de l'impact que pourraient avoir les sciences de l'homme.

C'est qu'en effet il existe des différences tout à fait essentielles entre phénomènes et problèmes relevant des sciences de la nature — dont la formalisation a en grande partie infléchi le développement de la mathématique et par là même celui de l'informatique — et les phénomènes et les problèmes qui constituent la substance des sciences humaines.

Disons plutôt, pour simplifier, qu'il y a dans les sciences humaines une partie qui, au moins pour le moment, échappe aux démarches et aux méthodes de description et de formalisation qui ont fait leurs preuves dans les sciences de la nature. Ainsi, par exemple décrire le contenu d'un texte, caractériser formellement son style, éventuellement sa structure argumentative; les mêmes opérations, ou du moins les deux premières pour un tableau dans un corpus de peinture; ou encore objectiver la dimension psychosociale de tel ou tel type de comportement en l'intégrant dans un cadre théorique satisfaisant...

On voit bien que la liste serait longue des problèmes pour lesquels les tableaux de grandeurs numériques, pour aussi étendus qu'ils soient, avec les structures limitées et contraignantes qui les caractérisent habituellement, ne constituent que des représentations extrêmement appauvries, réductrices au vrai sens du terme, des complexités et des spécificités qu'il faut pourtant arriver à exprimer par des données pertinentes, c'est-à-dire des représentations où l'expert, l'érudit... puisse retrouver la substance de ses préoccupations.

D'ailleurs, dès qu'elle a débordé des problèmes de physique ou de recherche opérationnelle qui avaient constitué son domaine initial, pour aborder les problèmes documentaires — qui mettent en jeu l'ambiguïté et la richesse des textes — ou les problèmes de pilotage des systèmes d'information — par lesquels s'introduit la complexité des organisations sociales — l'informatique s'est dotée progressivement des outils adaptés à la représentation de phénomènes et de problèmes nouveaux, c'est-à-dire non réductibles à leurs dimensions «naturelles»: ainsi sont apparus les différents «modèles» que nous connaissons, les bases de données hiérarchiques, puis les modèles en réseau, relationnels, entité-relation, etc...

En même temps, pour des raisons d'abord d'ordre pratique, s'imposait l'idée de séparer la construction des représentations de leur manipulation. Et la fécondité assez imprévisible de cette idée est en partie à l'origine des recherches actuelles sur les langages procéduraux et assertionnels.

Le sens de cette évolution est assez net et il s'éclaire plus encore si l'on considère les recherches en cours sur la «représentation des connaissances» où les systèmes de représentation des univers considérés et la capacité inférentielle qui leur est associée manifestent clairement que de manière explicite ou implicite le chercheur se réfère à une sorte de modèle empirique qui est le langage naturel.

Les systèmes formels qui sont proposés — et ils commencent à être nombreux — visent tous, d'une manière ou d'une autre, à reproduire, à paraphraser, tel ou tel aspect des capacités expressives infiniment complexes du langage.

On sait à quel point le rôle du langage constitué en discours — discours argumentatif, discours réthorique... est fondamental dans l'élaboration et dans la formulation des connaissances en sciences humaines. C'est dire que les recherches en informatique que j'évoquais plus haut se rapprochent, sans l'avoir voulu, de l'un des axes essentiels même s'il est encore peu fréquenté, de la réflexion des sciences de l'homme sur elles-mêmes : sur le plan méthodologique, comment saisir et représenter les concepts et leur articulation dans le raisonnement ; sur un plan plus fondamental, l'examen du statut théorique des formalismes qui constituent ces représentations. Le « contrôle » structurel des systèmes descriptifs n'est pas moins nécessaire en matière de base de données : après avoir défini le modèle relationnel pour ses capacités expressives, l'informatique demande à la logique du 1er ordre d'en éclairer les propriétés théoriques.

Le moment est venu pour l'informatique de prendre acte de cette convergence profonde et d'en tirer tout le profit potentiel qu'elle comporte. Il faut évidemment pour cela porter peut-être moins d'attention aux scénarios de bandes dessinées, aux tribulations du chat et de la souris, à la perplexité du client qui déchiffre le menu du restaurant... et considérer comme des activités intellectuelles probablement plus révélatrices sur le plan scientifique le discours par lequel l'historien ou l'archéologue justifient certaines de leurs inférences, par lequel le sociologue introduit des structures relationnelles apparemment paradoxales entre ses entités, ou par lequel, encore, le juriste dégage des analogies entre des situations conflictuelles à première vue... sans analogie.

En d'autres termes, les sciences humaines proposent à l'informatique un ensemble de raisonnements, qui pour n'avoir pas les caractéristiques *empiriques* — langage naturel et non pas systèmes formels — ou *structurelles* — logiques naturelles et non systèmes déductifs classiques — des constructions de la mathématique ou de la physique théorique n'en sont pas moins dotées, le plus souvent, d'un certain type de cohérence que l'informatique aurait tout intérêt à analyser et à caractériser progressivement. Du moins si ses ambitions de tendre à « automatiser des opérations intellectuelles » doivent s'incarner dans des projets de recherche à la mesure des problèmes à résoudre.

Aujourd'hui même, les différents courants de la linguistique, la psychologie cognitive, la théorie du droit et celle de l'argumentation juridique, la philosophie analytique... offrent une somme de connaissances dans lesquelles l'informatique commence déjà à puiser et qui peuvent modifier des notions aussi essentielles que celle de déduction ou élargir la classe des systèmes formels susceptibles d'être résolus.

Tout indique que la recherche théorique sur les applications «intelligentes» de l'informatique rencontrera de plus en plus les recherches sur la structure des raisonnements et, au-delà, les recherches formelles en sciences humaines, recherches dans lesquelles les bases de données jouent précisément un rôle central.

Parvenu à ce point peut-être n'est-il pas inutile de reprendre la distinction faite plus haut entre les deux plans où se situent les relations qui branchent l'informatique sur les sciences de l'homme: d'une part, la structure du discours scientifique, comme esquisse de certains modèles logico-sémantiques; d'autre part, les contenus thématiques de ces discours, les savoirs particuliers que l'informatique pourrait emprunter. Brièvement évoqués, en les associant en particulier à quelques-uns des développements technologiques les plus récents, on pourrait citer par exemple:

- pour la communication orale homme-machine, la phonologie, les études prosodiques;
- pour l'informatique interactive, la psychologie, l'ergonomie;
- pour le traitement de texte, la linguistique de la phrase et du texte.

Il est inutile de poursuivre cette énumération dont la signification se précise tous les jours davantage: au fur et à mesure que le développement technologique de l'informatique tend à l'immerger de manière de plus en plus capillaire dans le tissu social, à l'associer à un nombre sans cesse croissant d'activités humaines, il est clair que l'efficacité de cette insertion et peut-être sa qualité exigent que soient mobilisées des connaissances sans cesse accrues relatives au contexte humain et social dans lequel elle va se couler.

C'est sur ce point, sur ce qui risque d'être l'un des enjeux les plus graves de notre futur immédiat, que je voudrais terminer.

3. Informatique et sciences de l'homme: fonctionnalité ou connaissance?

Tout semble avoir été dit sur les dangers que l'informatique fait courir à l'individu et à la société et je n'y reviendrai pas. Mon propos est simplement de suggérer comment l'examen des rapports multiples et subtils qui se nouent entre informatique et sciences de l'homme peut contribuer à mieux faire comprendre ce qui se prépare et peut-être à fournir à l'informatique — ou plutôt aux informaticiens — les moyens de conjurer certains de ces dangers et de conserver, ou de retrouver, une légitimité morale aujourd'hui contestée.

Il me semble en effet important de distinguer finalités fontionnelles et finalités cognitives. A ne considérer que l'ampleur des moyens engagés respectivement dans les secteurs de la connaissance et dans ceux de l'économie, les apports réciproques de l'informatique et des sciences de l'homme ont surtout été orientés jusqu'ici dans la perspective de la production, de la gestion des biens et aussi de celle des personnes.

On peut penser, et c'est en tout cas un présupposé fondamental de notre tradition humaniste, que la connaissance, la compréhension rationnelle des phénomènes, sont de nature à introduire dans le jeu de la technique et de la société des éléments qui permettent finalement de tenir en lisière la prolifération excessive et aveugle d'une technologie devenue à elle-même sa propre fin.

L'extension des recherches sur les méthodes informatiques des sciences de l'homme, leur assimilation progressive à des méthodologies standard dans des disciplines extrêmement variées, l'approfondissement théorique auquel elles commencent à donner lieu, autant de signes qui témoignent de ce que la rencontre de l'informatique et des sciences de l'homme peut désormais être envisagée comme un moment important pour l'émergence d'un savoir sur l'homme et la société dont la rigueur accrue garantirait en quelque sorte la dimension critique.

N'y aurait-il pas dans ce détour, de manière à première vue surprenante, matière à argumenter en faveur de l'informatique sur le terrain même où sont instruits contre elle, au nom de quelques-unes des valeurs fondamentales de notre civilisation, des procès aussi généreux que superficiels ?

Chapitre 4
Une expérience de formalisation du raisonnement

A. OPTIONS THEORIQUES ET STRATEGIE DU PROJET

1. Présentation de l'expérience « Analyse et validation du raisonnement » (AVEROES)

Le projet AVEROES rassemble et articule entre eux des travaux de nature mathématique et logique, linguistique et informatique, dans un cadre expérimental tiré d'une recherche concrète faite par des chercheurs en sciences humaines à partir du constat fondamental que si les vingt dernières années ont vu se multiplier les applications du calcul aux sciences humaines, deux difficultés principales n'ont généralement pas été levées et cette lacune oblitère la portée de la plupart des résultats.

a) La première de ces difficultés tient à ce que, contrairement à ce qui se passe dans les sciences expérimentales traditionnelles — physique, biologique, etc. — la très grande majorité des disciplines des sciences humaines sont loin d'avoir défini de manière satisfaisante les rapports entre les niveaux formel et empirique de leurs constructions, plus précisément :

- en amont de la phase de calcul et de structuration des données, leurs schémas systématiques d'observation — donc la notion même de données — ainsi que la représentation des données par des systèmes symboliques réguliers ;

- en aval: les procédures de corroboration interne et externe des résultats formels; enfin le problème de l'interprétation des formalismes, c'est-à-dire l'affectation d'un sens et le retour à l'univers empirique étudié.

Une conséquence de cette situation a été une prolifération de calculs dont la nécessité et la cohérence n'ont pas toujours été aveuglantes. Nous en avons tiré quant à nous la conclusion qu'un examen de *la totalité du raisonnement* était indispensable et que, compte tenu des aspects très spécifiques qu'il peut prendre dans les sciences de l'homme, il était intéressant de l'analyser à partir d'un exemple concret, tel qu'il s'exprime par un *discours de type argumentatif*.

b) La deuxième pierre d'achoppement du calcul dans les sciences de l'homme est de nature plus fondamentale encore. Elle concerne l'adéquation «axiomatique» des structures mathématiques mises en jeu à la nature des phénomènes étudiés. Cette question, qui est inévitablement posée dans toute démarche modélisatrice pour les sciences de la nature, n'est que très exceptionnellement perçue lorsqu'il s'agit des sciences de l'homme malgré le grand usage que l'on y fait — parfois implicitement il est vrai — de notions comme celles de mesure, de probabilité, etc.

Ce deuxième constat nous a amenés à concevoir une expérience dans laquelle la partie plus proprement «structurelle» — classification et reconnaissance de formes — est insérée dans un dispositif intellectuel qui permet d'«évaluer» des algorithmes de nature différente par confrontation avec des observations externes aussi bien que par référence à un cadre formel global. Le projet AVEROES n'est rien d'autre qu'une expérience pilote destinée à mieux éclairer ces questions (Borillo et al., 1973, 1977).

Le domaine expérimental choisi concerne le commerce maritime antique en Méditerranée Occidentale et plus précisément une classe de «documents», les amphores, dont le rôle est important pour la détermination des réseaux commerciaux, de la nature des échanges, etc., dans le temps et dans l'espace. Les amphores ne constituent cependant que des vestiges tout à fait indirects des activités commerciales, du point de vue de l'interprétation historique. En effet, les informations qu'elles véhiculent explicitement ne relèvent que de trois principales classes d'éléments: la réalité physique (morphologie, matériau, etc.); les marques linguistiques qui les accompagnent (timbres, inscriptions, graffites, etc.) et les éléments du contexte de leur découverte (entrepôts, cargaisons dans des épaves, fours de potiers, etc.); les traces de contenu (vin, huile, etc.) sont beaucoup plus rares.

Dans ces conditions, l'utilisation des informations livrées par les amphores à des fins de connaissance historique sur le commerce antique nécessite la mise en œuvre de divers procédés de raisonnement qui tendent à exprimer une mise en relation entre, d'une part, les propriétés descriptives observables des objets et, d'autre part, des propositions d'ordre historique relatives aux activités commerciales. L'expression de ces mécanismes de raisonnement correspond normalement à des textes qui traduisent ces raisonnements et qui constituent un type particulier de discours scientifque.

Compte tenu de la nature du problème abordé, l'expérience dans son ensemble (Borillo et al., 1971-1973) comprend donc trois aspects principaux concernant l'analyse et le traitement des discours et phraséologies des spécialistes (§ 2), la reconnaissance et la structuration des formes des objets archéologiques (§ 3), et la formalisation du raisonnement (§ 4).

2. L'analyse du discours scientifique

2.1. Le contexte de l'analyse du discours dans le projet AVEROES

Dans le projet AVEROES, ce contexte est essentiellement fondé sur les éléments d'une expérience d'*analyse* et de *validation* du raisonnement tel qu'il s'exprime dans le discours scientifique concernant la problématique historique associée à un certain type d'objets archéologiques. C'est dire que si cette analyse s'inscrit bien dans la perspective des recherches sur le discours, elle ne prend tout son sens que par référence à deux conditions qui en délimitent la portée méthodologique et théorique: en premier lieu, il s'agit d'un discours scientifique, c'est-à-dire d'un ensemble d'énoncés dont les aspects descriptifs et inférentiels sont dominants (et dans lesquels description et inférence vérifient ou devraient vérifier certaines conditions précises); en deuxième lieu, ce discours construit un raisonnement articulant des observations — des informations perceptuelles — et un savoir historique qui entretient avec les observations un rapport dialectique: ce savoir préalable fonde l'observation et lui donne un sens; en retour, le résultat de l'observation permet éventuellement de dépasser le niveau du savoir originel.

L'étude linguistique (Guénoche, Virbel, 1977) est abordée sous deux aspects complémentaires: par le repérage dans le discours du savant de l'ensemble des éléments qui correspondent à la description de l'univers de référence, de sa problématique, de la structure de son argumentation; en sens inverse, en s'appuyant sur des structures formelles — logiques et mathématiques — qui sont associées et organisées pour exprimer le contenu «utile» du discours.

Deux expériences ont été conduites pour l'analyse et le traitement de ces discours spécialisés: la première concerne la mise au jour des structures argumentatives des historiens (§ 2.2); l'autre, la structure logico-linguistique d'un sous-ensemble du français utilisée par les mêmes spécialistes pour interroger une banque de données (§ 2.3).

2.2. *Le discours argumentatif-déductif*

Par argumentatif-déductif, nous entendons un discours où sont attestés des mécanismes de raisonnement du type suivant:

- si un objet possède un ensemble de propriétés, on peut prêter à cet objet de nouvelles propriétés, sous certaines conditions;

- si deux objets possèdent chacun un ensemble de propriétés, et s'il existe une relation spécifiée entre certaines propriétés des deux ensembles, on peut prêter à l'un des deux objets certaines des propriétés de l'autre, sous certaines conditions.

Un discours de ce type doit être analysé par rapport à trois aspects fondamentaux: une référence aux objets sur lesquels prennent appui les raisonnements, et à leurs propriétés observables; des propositions d'ordre historique relatives à ces objets; et des opérations de mise en correspondance entre ces deux premiers aspects (déductions, etc...). Le premier et le troisième aspect seront abordés plus loin (cf. § 2.3 et 3.2, 4), nous n'évoquerons ici que le second.

Les éléments correspondant à l'interprétation historique attachée aux objets sont représentés par des *propositions* qui établissent des hypothèses. Exemples: 1) «Si une amphore x possède les propriétés morphologiques p_1, p_2, ..., p_n et provient d'un four F, situé dans une région R, toutes les amphores qui ont les propriétés p_1, p_2, ..., p_n (ou tel sous-ensemble de ces propriétés) proviennent aussi du four F (ou de la région R)» — Remarque: les propriétés p_1, p_2, ..., p_n peuvent êtres simples, c'est-à-dire procéder presque immédiatement de l'observation, mais certaines sont complexes, c'est-à-dire qu'elles représentent des caractéristiques structurelles des images, caractéristiques qui doivent être établies par des opérations mathématiques complexes; 2) «Toutes les amphores de même type morphologique découvertes dans une même épave proviennent de la même région»; 3) «Toutes les amphores possédant un timbre ayant une relation de «synonymie» — caractérisée de telle manière — avec le timbre porté par l'amphore x proviennent de la même région que l'amphore x», etc.

De telles propositions sont exprimées, à propos d'objets particuliers, dans les termes d'un *langage de formulation d'hypothèses* (Borillo, Fariñas, Virbel 1977). A un discours scientifique donné, s'appuyant sur un corpus particulier d'objets, correspond un *texte*, exprimé dans les termes de ce langage, et constitué par une proposition ou une suite de propositions logiquement et sémantiquement liées entre elles. Par exemple: «l'amphore x a été produite dans la région R et elle porte un timbre T. Toutes les amphores du corpus possédant une marque entretenant une relation r_i avec T sont aussi produites dans R. Si parmi ces amphores, il y en a qui ont été découvertes dans une épave, toutes celles qui co-occurrent avec elles dans cette épave proviennent aussi de R. Si parmi ces dernières amphores certaines possèdent des marques, toute amphore qui possède une marque entretenant avec l'une de celles-ci une relation r_j provient aussi de R».

2.3. L'interrogation

A l'inverse de nombreuses réalisations portant sur le langage naturel, le langage visé possède la justification de refléter de très près le contenu et l'expression des démarches des spécialistes d'un domaine scientifique réel (Virbel, 1975).

Ces questions portent sur les propriétés, au sens large, des objets enregistrés. Du point de vue formel, elles empruntent les structures logico-syntaxiques de l'interrogation en français (Borillo A., 1973), et elles correspondent donc à des phrases appartenant à un sous-ensemble particulier de cette langue. Du point de vue du contenu, ces questions correspondent à des phraséologies spécialisées appartenant au domaine archéologique. Elles comportent deux aspects principaux, *support* et *thème*. Le support correspond aux objets et/ou aux éléments descriptifs sur lesquels porte la question. Le thème définit la nature logico-sémantique de la question, à propos du support.

Le but du traitement des questions consiste à isoler et à analyser dans une question donnée les éléments qui correspondent au support et au thème et à marquer leurs relations, puis à traduire ces éléments dans les termes d'un ensemble adéquat de *procédures de calcul* aptes à produire la réponse voulue.

Le langage définit une «structure textuelle» correspondant à une question. Cette structure textuelle unit des phrases élémentaires possédant une structure syntaxique définie et détermine des liens logico-syntaxiques inter-phrastiques. Une dizaine de structures-type ont été définies (par ex.: DONNER les valeurs d'un ensemble de variables déterminé; EVALUER s'il y a IDENTITE ou DIFFERENCE entre deux groupes d'objets; etc.).

Les phrases du langage correspondent à des combinaisons booléennes de propositions élémentaires exprimant la définition de groupes d'objets et/ou de variables descriptives. Ces propositions sont de 3 types : 1) un groupe G1 d'objets tels qu'ils aient une description particulière; 2) un groupe G1 d'objets ayant des propriétés (= valeur de variables) identiques à celles des objets d'un autre groupe G2; 3) un groupe G1 d'objets plus proche (au sens de plus ressemblant pour un sous-ensemble des variables descriptives) d'un groupe G2 que d'un autre groupe G3.

La sémantique du langage est définie par un dictionnaire qui établit une correspondance entre les termes du langage naturel se rapportant à la morphologie des objets et les expressions analytiques calculées lors de l'enregistrement. Cette correspondance peut être fixe ou au contraire dynamique (elle dépendra alors d'un calcul, cf. ci-dessous § 3.2).

3. Traitement des formes

3.1. Le contexte du traitement des formes

Le contexte créé par les principes régissant la conduite du projet AVEROES institue pour le traitement des *formes*, comme pour celui du *langage naturel*, un certain nombre de conditions dont les plus évidentes sont les suivantes : a) l'identification des éléments des formes est conduite par les capacités dénotatives du discours des spécialistes, qu'il s'agisse de la segmentation des objets, où l'on cherche à isoler les différentes parties constitutives des amphores telles que les reconnaissent les archéologues, ou des caractérisations, métriques ou qualitatives, intrinsèques ou relatives, qu'ils leur associent; b) la structuration des formes s'appuie sur des descriptions liées aux présupposés de la recherche et conduit à l'élaboration d'algorithmes conçus en fonction de problèmes historiques particuliers (spécification formelle d'éléments issus d'une problématique donnée).

Nous illustrerons brièvement cette situation.

3.2. L'identification des éléments des formes

Dans l'expérience considérée, les profils des objets sont enregistrés à l'aide d'un appareil de type *pencil-follower* qui relève les coordonnées cartésiennes des points des courbes selon un pas donné. Les formes sont ensuite analysées à l'aide d'un dispositif de description automatique des formes (Guénoche, in Rapports 1971-1973) qui comprend les éléments suivants :

- Un *algorithme de segmentation des courbes*, apte à reconnaître les parties constitutives des objets en fonction de la segmentation «intuitive» des archéologues (lèvre, col, panse, pied, etc.). La nature de cet algorithme est caractérisée par la prise en compte, dans ses spécifications, du fait que les localisations ne sont pas nécessairement situées par rapport à des points de définition géométrique constante. En effet, selon les types d'objets ou les parties qui sont considérées, une segmentation correspond par exemple à un point de courbe maximum, ou à un point de changement de courbure indépendamment d'autres considérations; pour d'autres types, l'application d'une règle est assujettie à l'examen de dimensions relatives, soit par rapport à l'objet dans son ensemble, soit par rapport à des parties déjà reconnues. L'algorithme est donc amené à intégrer des règles plus ou moins complexes dans leur forme aussi bien que dans les catégories d'informations qu'elles articulent (on a vu par exemple que l'ordre d'application des opérateurs peut varier avec le contexte), l'objectif étant de reproduire la segmentation «intuitive» de l'archéologue dont on a vérifié expérimentalement la stabilité et, sous certaines restrictions, la pertinence taxinomique.

- Un *algorithme de caractérisation des courbes* (segments). Cette partie du système descriptif a également pour fonction de former les éléments descriptifs de la morphologie des objets, de telle façon qu'ils soient calculables à partir des enregistrements (et de la segmentation déjà opérée) et qu'ils puissent être mis en correspondance avec des formules du langage naturel utilisées par les spécialistes. On procède donc pour chaque partie des objets, ainsi que pour les objets pris globalement comme unité de référence, à une analyse visant à caractériser les aspects des courbes retenus dans le discours du savant: les formes proprement dites, concaves, convexes, droites, etc.; les liaisons entre segments, continues, anguleuses, etc.; les inclinaisons; les dimensions absolues ou relatives. On retrouve à ce niveau la relation dialectique entretenue par la caractérisation et la segmentation des courbes. Au terme de la segmentation intiale, un segment identifié du point de vue archéologique peut ne pas être homogène en vue de sa caractérisation (ce qui serait le cas d'un segment correspondant à une courbe convexe puis concave; ou à un segment droit, vertical puis oblique, etc.).

3.3. La mise en correspondance avec le langage naturel

Comme on l'a indiqué ci-dessus, la segmentation et la caractérisation des courbes sont conduites en vue de donner des définitions explicites et calculables des entités évoquées par les spécialistes dans leurs raisonnements. Un élément fondamental, dans cette perspective, réside par conséquent dans la mise en correspondance des unités descriptives calculables à partir des enregistrements graphiques initiaux et des termes et expressions du langage naturel.

Des *tables lexicologiques* ont été ainsi construites pour réaliser cette mise en correspondance. En général, un terme du langage naturel correspond à une formule complexe de termes du système descriptif, liés par des opérateurs booléens et des opérateurs de comparaison. Ainsi par exemple le terme *ovale*, associé à *panse*, correspond à une définition dont le contenu est le suivant : - haut et bas de panse de forme convexe ; - liaison des deux parties de la panse continue ; - hauteur du haut de panse = hauteur du bas ; - hauteur de la panse > sa largeur maximum. Ces définitions sont pratiquement toutes contextuelles (i.e. le terme *ovale*, appliqué aux *anses* ou aux *lèvres* a une définition différente).

On a mis en évidence, de plus, que le même terme, dans le même contexte défini par les différents segments des courbes (ex. panse *ovale*) peut recevoir des définitions variant en fonction d'autres contextes (par exemple, l'«ovalité» de la panse n'est pas définie de la même manière selon que les objets sont de certains types ou d'autres).

3.4. La structuration des formes

Plusieurs expériences de recherche des structures organisant des ensembles de formes ont été réalisées, qu'il s'agisse par exemple de définir des classifications vérifiant des critères de nature diverse sur des corpus d'objets non encore structurés, ou au contraire de découvrir les fondements objectifs d'une classification connue ou supposée. L'accent a surtout été porté sur le second type d'objectif, qui pose en particulier le problème de la validation formelle et empirique dans des termes plus aisément maîtrisables. On s'est cependant intéressé aussi à la relation entre les deux types de démarche, à l'occasion de la recherche d'une séquence chronologique de classes.

Nous allons évoquer brièvement deux de ces expériences.

a) Il s'agit dans la première de tenter de fonder une classification d'objets en fonction de leur provenance géographique, par la sélection raisonnée d'attributs discriminants. L'hypothèse archéologique est ici la suivante : des amphores traditionnellement regardées comme relevant du même type morphologique (dit Dressel 2-4) et ayant servi d'emballage pour le transport maritime de vin proviennent de régions différentes, identifiées à des régions de production vinicole (au nombre de quatre dans l'expérience). Le but recherché est alors le suivant : sachant caractériser les objets d'un corpus comme ayant été produits dans l'une ou l'autre de ces quatre régions (grâce à une connaissance extrinsèque à l'objet, telle que le lieu de sa découverte, ou une inscription qui lui est associée, etc.) peut-on déterminer sur des critères morphologiques la définition correspondant à chaque région ? L'expérience a consisté à associer à chaque objet une description morphologique qui constitue un sous-ensemble particulier (finalisé par rapport à la description générale, cf. § 3.2) du système descriptif général. D'autre part, un algorithme d'analyse discriminante a été mis au point. Celui-ci devait tenir compte de deux faits : d'une part, les attributs morphologiques sont binaires; d'autre part, les définitions obtenues devaient conserver un «contenu» archéologique transparent pour l'archéologue, en vue aussi bien de maîtriser la discrimination que, en sens inverse, de pouvoir réaliser ultérieurement des affectations d'objets de provenance inconnue.

La méthode choisie (Fariñas et al., 1974) a consisté à utiliser le langage de la théorie des questionnaires de la manière suivante : chaque attribut est considéré comme une question à deux issues auxquelles correspondent respectivement l'ensemble des objets possédant et ne possédant pas l'attribut. Le problème revient alors à rechercher un système de questions permettant d'identifier le groupe auquel appartient un objet, où la sélection des questions s'opère à partir de critères comme l'optimisation du rapport quantité d'information/nombre de questions.

b) Dans une autre expérience, on a recherché à contruire un modèle descriptif d'un type d'amphores empiriquement défini (Dressel 20). L'objectif est ici le suivant : le groupe des amphores Dressel 20 est le plus souvent identifié sur des critères non morphologiques (nature du matériau tel qu'il est déterminé par des analyses physico-chimiques); il est d'autre part mal connu dans son évolution historique. Est-il possible de construire un système descriptif morphologique permettant de rendre compte d'une part des relations de ces objets avec les autres types d'amphores, en particulier avec les plus voisines par la morphologie, et d'autre part de l'évolution chronologique du groupe ?

Pour répondre à la première question, on a constitué un corpus rassemblant des objets appartenant au type Dr. 20 et à un autre type distinct mais très voisin sur le plan morphologique. Le sous-système descriptif discriminant s'obtient également dans ce cas à partir du système descriptif général, par une procédure de sélection qui formalise une hypothèse de pertinence de nature archéologique. En outre, on s'est également efforcé de sauvegarder la transparence archéologique des résultats. Cet impératif associé au fait que les descripteurs analytiques correspondaient dans ce cas à des valeurs continues a conduit à la mise au point d'un algorithme de recherche de fonctions discriminantes (Guénoche, Tchernia, 1974) ainsi conçu : à chaque descripteur correspondent pour les deux groupes d'objets deux distributions comprises chacune entre un minimum et un maximum. La comparaison des valeurs de ces deux bornes pour les deux groupes permet de construire par étapes des définitions de type binaire (appartient ou n'appartient pas) où le choix des variables minimise le nombre d'objets d'un groupe qui invalident la définition de l'autre groupe pour les mêmes variables.

Bien entendu, une perspective plus générale sous-tend les deux expériences ci-dessus, comme d'ailleurs certaines autres qui ne sont pas évoquées ici (Fernandez de la Vega, 1977 et 1978), et qui consiste à lier le problème de la structuration des données au contexte logico-sémantique défini par la nature des phénomènes étudiés et de la problématique qui leur est associée. Cette démarche s'oppose évidemment à la prétendue universalité-neutralité de l'«analyse des données».

4. Formalisation de l'argumentation

Trois objectifs sont particulièrement visés :

1. A partir de l'analyse d'un discours scientifique spécialisé (cf. § 2.2) relatif à un problème d'affectation géographique d'amphores, définir des types logico-linguistiques de raisonnements («argumentatifs-déductifs») et construire un ou des systèmes formels supportant la représentation et la manipulation de l'univers considéré.

2. Etudier les modes de relation entre un univers d'ordre langagier — les constructions spécialisées exprimées en langage naturel — et l'univers non langagier — les objets archéologiques — sur lequel portent ces constructions (cf. § 3.2, 3.3).

3. Le texte choisi étant déjà le compte rendu d'une expérience antérieure (Fariñas del Cerro et al., 1974), et constituant le point de départ de la nouvelle expérience, étudier les relations entretenues par diverses expériences, ou différents moments expérimentaux, focalisés sur un même matériel en fonction d'une même problématique.

On cherche ici à éclairer deux problèmes difficiles :

- est-il possible de définir une « stratégie » de recherche rendant compte de l'aspect dynamique de la formation des connaissances ?

- concevoir une expérience permettant de cerner l'adéquation « axiomatique » des méthodes de calcul évoquée ci-dessus (§ 1.b).

Le texte analysé constitue la description d'une expérience antérieure qui a conduit, grâce à un algorithme de discrimination, à reconnaître les traits morphologiques pertinents de 4 groupes d'amphores définis en termes d'origine géographique, puis à affecter des objets de provenance inconnue à l'un ou l'autre des 4 groupes (cf. § 3.3). Ce texte correspond à un inventaire d'arguments fournis par les spécialistes pour justifier les affectations d'objets de provenance inconnue, arguments qui font intervenir des données non morphologiques, c'est-à-dire autres que celles qui ont été prises en considération pour construire les définitions des groupes (cf. § 2.2).

L'analyse consiste :

1) à isoler et à caractériser les types de données non morphologiques manipulées dans les raisonnements (par exemple : la ressemblance de marques, la co-occurrence dans une épave, etc.);

2) à caractériser les types d'opérations, de raisonnements exprimant les jugements des spécialistes sur les affectations (par exemple : si l'objet x est affecté à la classe C1, et s'il porte une marque qui ressemble, à tel égard, à la marque que porte l'objet y, alors il est « justifié » que l'objet y soit affecté à la classe C1);

3) à définir les « chaînes argumentatives » assurant ou rompant la transitivité dans l'affectation (par exemple : un objet x qui co-occurre dans une épave avec un objet y qui porte une marque ressemblant à la marque portée par un objet z déjà affecté à la classe C1, est affecté à la classe C1, ou non, suivant la propriété de transitivité ou de non-transitivité que l'on affecte à la relation de co-occurrence dans une épave.

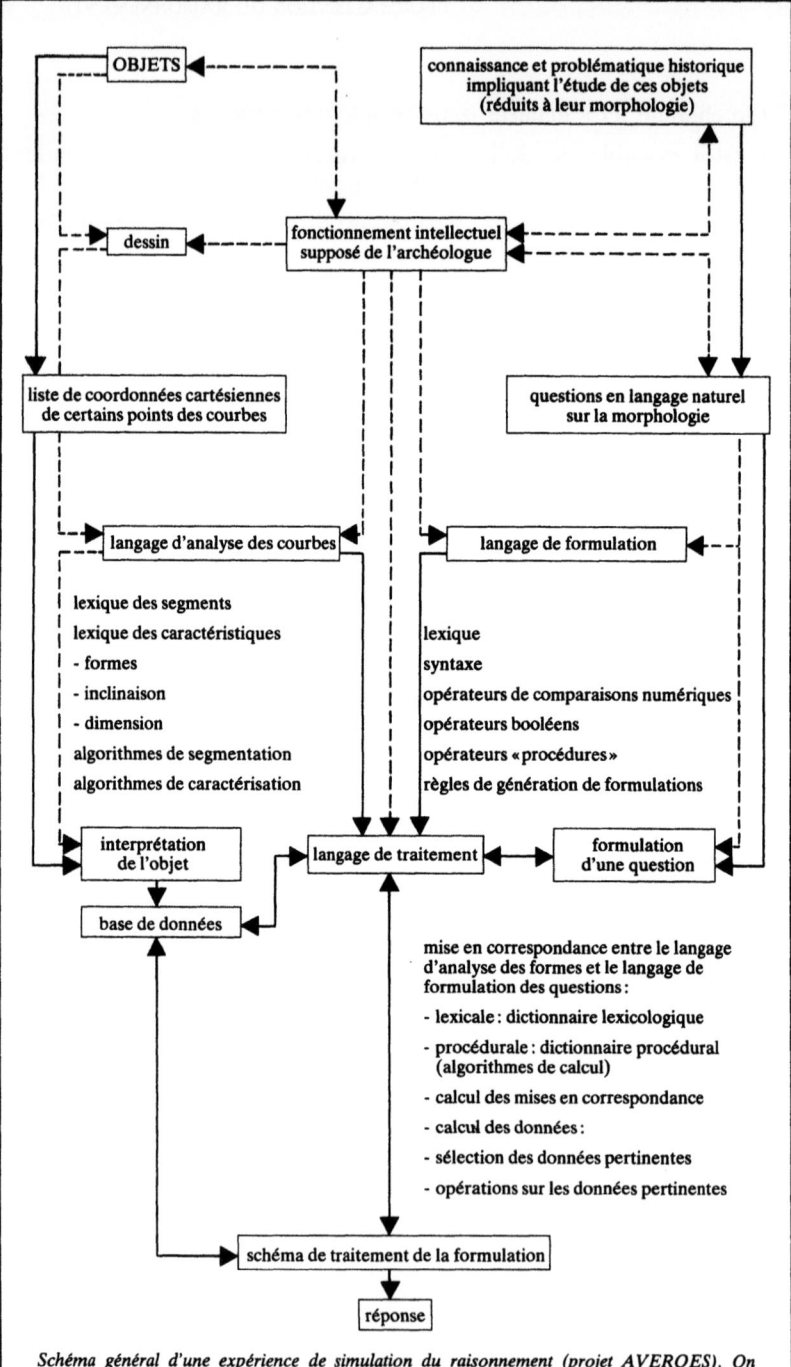

Schéma général d'une expérience de simulation du raisonnement (projet AVEROES). On communique à l'ordinateur des dessins représentant des amphores antiques et on cherche à obtenir les réponses à des questions descriptives et structurelles formulées directement en français par le spécialiste.

B. UN MODELE FORMEL DE L'ARGUMENTATION

1. Nous présentons ici un formalisme qui est développé et implémenté, et qui permet de représenter le type d'argumentation évoqué plus haut. Ce formalisme permet également de générer les représentations de certaines catégories de questions. Nous porterons une attention particulière aux expressions conditionnelles qui traduisent les hypothèses qui sous-tendent ce type d'argumentation.

Les expressions qui sont à la base des argumentations étudiées sont des états du type conditionnel. Elles ont la forme générale suivante : « si un objet possède une propriété donnée et s'il existe une certaine relation entre cet objet et un autre, alors la propriété du premier est affectée au second sous réserve que certaines conditions aient été vérifiées ».

Considérons maintenant la typologie des expressions conditionnelles ordonnées de la manière suivante :

a) celles qui expriment un lien entre les éléments de l'expression elle-même. Elles peuvent être de deux types :
- celles qui expriment une certaine nécessité,
- celles qui expriment la causalité ;

b) celles qui expriment un lien entre celui qui parle et l'événement ;

c) celles qui expriment l'incertitude de celui qui parle vis-à-vis de l'événement.

Dans cette étude nous nous sommes intéressés aux expressions de la première catégorie, plus particulièrement à celles qui expriment une certaine nécessité. La notion de cause n'est utilisée que pour exprimer comment la connaissance d'un événement est acquise.

2. L'expérience

2.1. La description des objets

Ces objets sont les entités sur lesquelles l'expérience est basée (amphores, matériaux, etc...). Nous emploierons le terme « Description » pour la totalité des informations structurées retenues pour cette étude.

<DESCRIPTION> : = <Nom de l'objet>.
                <Caractéristiques de l'objet> (ensemble des traits descriptifs retenus).
                <Localisation de l'objet> (ensemble des traits qui situent l'objet).

<Nom de l'objet> : = <type de l'objet>. <identification>.
<Caractérisation> : = <trait> | <caractérisation>.
<Localisation> : = <site> | <localisation>.
<Type de l'objet> : = <A (amphore)> | <M (matériel)>.
<Identification> : = <nombre>.
<Trait> : = <nature du trait>. <identification du trait>.
<Site> : = <nature du site>.
<Nature des traits> : = TB (timbre) | I (inscription) | G (graffiti).
<Nature du site> : = RV (région vinicole) | EP (épave) | F (four).

2.2. Les relations entre les éléments de la description

Cette expérience contient certaines informations qui ne décrivent pas les objets eux-mêmes mais établissent des liens entre certains traits ou certains sites qui entrent dans les descriptions. Le terme RELATION fait référence à l'ensemble des informations utilisées pour exprimer ces liens.

<RELATION> : = <définition de la relation>. <premier élément> <deuxième élément>.
<Définition> : = <Nature de l'élément> <type de relation>.
<Nature des éléments> : = RC (les deux éléments sont des caractérisations) |
    RL (les deux éléments sont des sites).
<Type de relation> : = R_i (similarité i) | C (co-occurrence) |
    P (possession) | LD (localisé dans).
<Eléments> : = <caractérisation> | <localisation>.

Dans une relation, les deux éléments sont homogènes : soit deux caractérisations, soit deux localisations.

3. Définition du formalisme

Nous définirons un formalisme qui nous permettra, d'une part, de représenter le raisonnement étudié, et d'autre part de répondre à des questions sur la nature des objets étudiés. Les questions posées ne trouvent pas nécessairement leurs réponses dans les données enregistrées mais mettent en jeu des procédures qui représentent les argumentations utilisées par les spécialistes du domaine dans lesquelles certaines hypothèses sont implicites. Pour traduire ceci, le formalisme que nous décrivons affecte une mesure de priorité aux connecteurs qui représentent les liens dans les expressions conditionnelles étudiées. L'interprétation de ces connecteurs se fera en accord avec la séманtique développée par Stalnaker (1968) pour le traitement des expressions conditionnelles. Enfin, le langage de ce formalisme sera étendu pour permettre la représentation des questions.

3.1. *Le langage*

a) L'alphabet

L'alphabet est constitué par l'ensemble des symboles suivants :
- un ensemble dénombrable de constantes a, b, c, ...,
- un ensemble dénombrable de variables x, y, z, ...,
- un ensemble de prédicats à trois arguments représentant les données,
- une fonction à trois arguments,
- un ensemble de connecteurs logiques : $>_{Ti}$, $>_{ST}$, $>_E$.

appelés connecteurs argumentatifs.

b) Les termes

Les termes de notre langage seront constitués par le plus petit ensemble formé par les règles suivantes :
- les constantes et les variables sont des termes,
- si t_1, t_2, t_3 sont des termes : (t_1, t_2, t_3) est un terme.

c) Les formules atomiques

Par formule atomique nous entendons un quadruplet D, x, t_1, t_2 dans lequel :
- D est un prédicat de type descriptif,
- x est une variable ou une constante,
- t_1 et t_2 sont des termes.

d) Les formules

L'ensemble des formules du langage est constitué à l'aide des règles suivantes :
- chaque formule atomique est une formule,
- les règles définissant les formules argumentatives :

Si F1 et F2 sont des formules atomiques,

alors F1 $>_{Ti}$ F2,
  F1 $>_{ST}$ F2 et
  F1 $>_E$ F2

sont des formules argumentatives.

Si F1 et F2 sont des formules argumentatives,

alors $F1 >_{Ti} F2$,
$\quad F1 >_{ST} F2$ et
$\quad F1 >_E F2$
sont des formules argumentatives.

- les règles définissent les autres formules:

Un quadruplet R,x,t_1,t_2 dans lequel
- R est un prédicat de type relation,
- x est une variable ou un constante,
- t_1 et t_2 sont des termes

est une formule.

3.2. *La sémantique*

La sémantique associée à notre langage est définie par la structure $(\Omega, T, f_{Ti}, f_{ST}, f_E)$ dans laquelle

- Ω est un ensemble d'états que nous appellerons états de l'histoire de l'argumentation
- T est une relation qui définit un ordre total sur Ω,
- f_{Ti}, f_{ST} et f_E sont des fonctions associées aux connecteurs argumentatifs. Elles sont définies de la façon suivante:

$f_i : \Omega \times F_A \to \Omega$

Pour chaque paire (a, F_A^J) (état de l'histoire de l'argumentation et formule atomique), la fonction f_i définit un nouvel état. F_A^J doit demeurer vraie dans $f_i(a, F_A^J)$.

Si nous considérons une formule argumentative élémentaire (par exemple, deux formules atomiques reliées par un connecteur argumentatif), nous dirons que cette formule est vraie dans un état a si l'une des conditions suivantes est vérifiée:

- $D(x,t_1,t_2) >_{ST} D(y,t_1',t_2')$ est vraie si t_1 (ou t_1') est une sous-liste sans variable de t_1' (ou t_1).

- $D(x,t_1,t_2) >_{Ti} D(y,t_1',t_2')$ est vraie si $R(i,t_1,t_2')$ ou $R(i,t_1',t_2)$ est vraie.

- $D(x,t_1,t_2) >_E D(y,t_1',t_2')$ est vraie si t_1 (ou t_1') est une sous-liste sans variable de t_2' (ou t_2).

3.3. *Règle d'inférence*

Si $D(x,t_1,t_2) >_n D(y,t_1',t_2')$ est vraie dans l'état a et si $D(z,t_1'',t_2'')$ est vraie dans l'état b défini par:

$f_m\{f_n[a, D(y,t_1',t_2')], D(z,t_1'',t_2'')\} = b$

alors

$D(x,t_1,t_2) >_n D(y,t'_1,t'_2) >_m D(z,t''_1,t''_2)$ est vraie dans l'état b.

En résumé, ce système formel nous permet de définir un graphe dans lequel chaque nœud est constitué par une formule atomique (une même formule atomique pouvant apparaître dans plusieurs nœuds) et dont les arêtes sont caractérisées par la fonction f_i.

4. Le langage d'interrogation

L'alphabet du langage d'interrogation est une extension du langage précédemment décrit qui comporte des connecteurs: la négation (−) et la disjonction (v) et un symbole auxiliaire (*). Une question définit les deux aspects d'une interrogation:

a) *Le processus de recherche* — ce processus est déterminé par les informations suivantes:
  - Une formule atomique.
  - Une liste de conditions exprimant les étapes de l'argumentation. Cette liste est une conjonction de conditions. Chaque condition est exprimée par une disjonction de formules atomiques ou par des connecteurs argumentatifs (ou leur négation) suivis par une constante ou par une variable exprimant l'état de l'argumentation dans lequel ces conditions doivent être vérifiées.
  - Une constante ou une variable qui détermine la longueur maximum de l'argumentations.

b) *La nature des réponses*
  - Un processus de recherche précédé du symbole "*" répond aux questions «Pourquoi?» et fournit un ensemble d'argumentations qui satisfont le processus de recherche — c'est-à-dire l'ensemble des objets et des connecteurs argumentatifs mis en jeu par l'argumentation.
  - En l'absence du symbole "*", la réponse est un ensemble d'objets qui satisfont le processus de recherche.

5. Exemples

Nous allons développer un exemple basé sur un corpus partiel tiré de la base de données. Plusieurs questions seront posées et nous étudierons les différents processus employés pour y répondre. Nous attacherons une importance particulière aux questions qui mettent en jeu le déroulement d'une argumentation.

Considérons la base de données suivante :
A{1, ₀[TB,2,nil], ₀[RV,x, ₀(EP,2,nil)]}
A{2, ₀[TB,2, ₀(G,2,nil)], ₀[RV,x,nil]}
A{3, ₀[nil,nil,nil], ₀[RV,6, ₀(EP,3,nil)]}
M{4, ₀[TB,5,nil], ₀[RV,x,nil]}
A{5, ₀[TB,5,nil], ₀[RV,1, ₀(EP,2,nil)]}
RC{2, ₀[TB,2,nil], ₀[TB,5,nil]}

5.1. Question n° 1

Quels sont les objets que l'on peut rattacher à la région (RV) n° 1 sans utiliser la notion d'épave (EP) dans la première inférence ? De plus nous imposerons que le nombre de connecteurs argumentatifs, dans la réponse, reste inférieur à deux.

{A[x,t₁, ₀(RV,1,t₂)], [>$_E$,1], 2}

formule atomique / condition / nombre d'inférences

Le graphe de recherche généré par cette question est le suivant (nous indiquons uniquement les objets et les connecteurs mis en jeu par l'argumentation) :

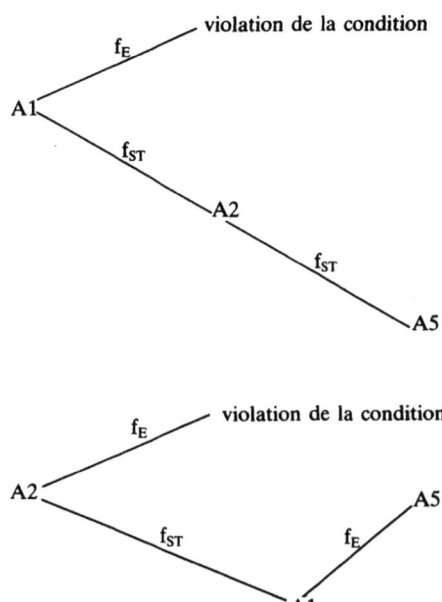

A3 impossibilité: il appartient à RV6
A5: appartient à RV1

La réponse est donc: les objets

A{(1, $_o$[TB,2,nil], $_o$[RV,x, $_o$(EP,2,nil)]}
A{2, $_o$[TB,2, $_o$(G,2,nil)], $_o$[RV,x,nil]}
A{5, $_o$[TB,5,nil], $_o$[RV,1, $_o$(EP,2,nil)]}

peuvent être raccordés à la région de production RV1.

5.2. *Question n° 2*

Pourquoi peut-on rattacher l'amphore A1 à la région de production RV1?

*{A[1,t_1> $_o$(RV,1,t_2)]}

Nous obtenons le graphe suivant:

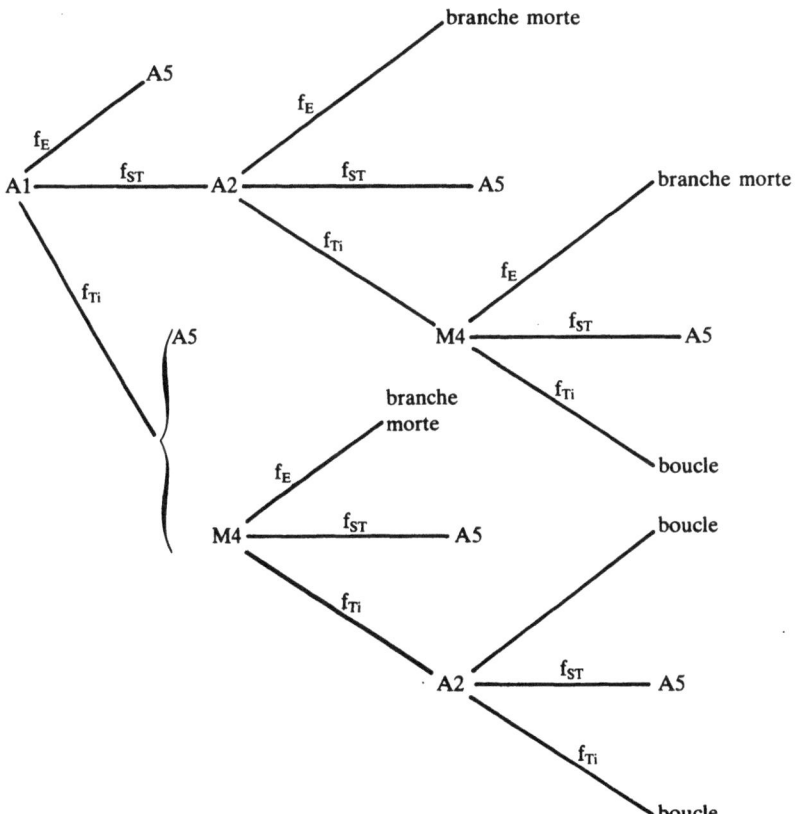

Les réponses sont les suivantes:
- $A1 >_E A5$
- $A1 >_{ST} A2 >_{ST} A5$
- $A1 >_{ST} A2 >_{Ti} M4 >_{ST} A5$
- $A1 >_{Ti} A5$
- $A1 >_{Ti} M4 >_{ST} A5$
- $A1 >_{Ti} M4 >_{Ti} A2 >_{ST} A5$

L'amphore 5 constitue l'étape finale dans l'argumentation parce que c'est la seule, dans cet exemple, qui soit décrite avec le critère de région RV1. L'amphore 1 peut donc être rattachée à la région de production RV1 de 6 façons différentes:
- Elle a été découverte dans la même épave que A5.
- Elle possède le même timbre que A2. Le timbre de A2 est identique à celui de M4 qui ressemble à celui de A5.
- Les autres réponses sont des cas particuliers de la seconde.

Conclusion

Le système formel que nous venons de décrire a été implémenté en LISP (Greussay, 1975; Durieux, 1978) et appliqué à un corpus expérimental qui correspond au raisonnement étudié. Cette implémentation constitue une «simulation» du raisonnement de l'historien.

L'expérience dont nous venons de retracer les axes principaux, à savoir l'analyse du langage naturel dans le contexte du discours scientifique, la reconnaissance et la structuration des formes, et la formalisation du raisonnement, présente une signification d'ensemble assez complexe dont nous soulignons les points les plus marquants à notre sens.

a) Tout d'abord, ces trois aspects sont abordés en liaison les uns avec les autres. Le discours en effet est analysé de manière à isoler les éléments de la réalité, physique ou historique, des objets qu'il dénote, et à isoler les types d'opérations logiques effectuées par le savant sur — ou à partir de — ces éléments. De la même manière, le calcul est mobilisé en vue de reconnaître sur les courbes les éléments qui ont reçu une identification langagière, de découvrir et d'expliciter le fondement objectif de structures associées à des sens historiques. Enfin la formalisation de l'argumentation permet de mettre en correspondance les univers objectuel, langagier et conceptuel attestés dans l'ensemble (discours, corpus).

Cette liaison organique entre ces trois aspects procède naturellement de l'objectif fondamental du Projet AVEROES, c'est-à-dire l'approfondissement de notre connaissance théorique du raisonnement.

b) Cette connaissance n'est pas elle-même purement spéculative ou désincarnée, mais conduit à des résultats intéressants aussi bien par rapport au champ expérimental choisi — des connaissances nouvelles ont été obtenues sur le commerce maritime antique — que par rapport aux domaines méthodologiques mobilisés. Du point de vue linguistique, l'analyse des questions conduit à concevoir la structure d'un langage d'interrogation complexe : de même, l'analyse du discours argumentatif a fait apparaître des opérations susceptibles d'alimenter la réflexion du logicien (introduction de «logiques temporelles» pour rendre compte de l'aspect dynamique du processus de formation des connaissances). Sur le plan mathématique, comme on l'a vu, des algorithmes originaux ont été conçus. Du point de vue plus strictement informatique, enfin, se posent des questions intéressantes, liées à la représentation de données de structure complexe associées à certaines classes d'opérateurs, en vue de l'implémentation des systèmes formels définis au niveau logique. Cette implémentation aura naturellement pour objectif la simulation effective du raisonnement, ce qui devrait permettre de contrôler la validité des constructions formelles et, éventuellement, d'établir de nouvelles propositions historiques.

c) Nous pensons enfin que cette expérience devrait éclairer quelques questions très actuelles à propos des méthodes et des objectifs de l'«intelligence artificielle» (Mc Carthy, 1977). Il est extrêmement fréquent, en effet, que les recherches de ce type ne prennent réellement en compte que des segments très réduits ou arbitraires, voire mal définis, de l'univers empirique de référence, segments qui se trouvent généralement de ce fait déjà très proches de l'univers formel dont il ne reste plus au mathématicien et à l'informaticien qu'à développer la théorie intrinsèque. A l'inverse, le projet AVEROES se pose nettement comme une expérience visant à mieux comprendre la nature du raisonnement et surtout à mettre en évidence les problèmes que soulève la mise en correspondance de formalismes de nature logico-mathématique avec, d'une part la nature des univers empiriques des sciences humaines, d'autre part les objectifs et les problématiques des chercheurs de ces disciplines.

SECTION II
STRUCTURES TEXTUELLES ET RAISONNEMENT

Dans un très grand nombre de cas, pour les sciences de l'homme en particulier, les raisonnements par lesquels on analyse des problèmes pour aboutir à des propositions cognitives s'expriment sous forme de textes naturels, écrits, que l'on distingue de ces textes formels que sont les programmes, les systèmes d'équations... ainsi que de ce qu'on pourrait appeler les textes graphiques: diagrammes, schémas fonctionnels... étant entendu cependant qu'un texte naturel écrit peut comporter des éléments relevant de l'une et l'autre de ces catégories. La première question que l'on se pose est donc de décrire comment le raisonnement se traduit par certaines structures textuelles. Réciproquement — si l'on peut dire — dans les situations où des textes constituent le matériau qui documente un problème, c'est par un raisonnement sur ces textes que l'on justifie des propositions cognitives et la trace de ce processus peut bien entendu être à son tour un texte naturel écrit.

En restant au premier niveau, celui des textes originaux, la question est alors: comment raisonner sur des textes pour en décrire les structures? Il serait intéressant de réfléchir sur la perspective de récursion qu'ouvre la conjonction de ces deux questions, voire d'imaginer pour sortir de la récursion quelque expérience permettant d'éclairer les actes de pensée qui sous-tendent ce type de démarche [par exemple, des jeux de langage comme ceux que propose Jacques Virbel (Virbel, 1983)].

Le propos central de ce chapitre est cependant beaucoup plus modeste puisqu'il vise à exprimer à travers quelques exemples certaines des rela-

tions repérables entre structures textuelles et raisonnement, cette mise en relation étant définie par rapport à un système de référence qui est, dans l'abstrait, celui des contraintes induites par le recours à l'informatique. Cette condition différencie nettement ce travail de la réflexion classique sur l'argumentation par les perspectives formelles qu'elle impose.

Dans le même ordre d'idées, on sait que la linguistique contemporaine s'est principalement intéressée à la structure de la phrase et de la proposition. Le contenu de ce chapitre ne peut davantage être considéré comme linguistique, surtout au sens de la théorie de la syntaxe, puisqu'il est consacré à de tout autres objets (les textes). Ce qui n'exclut nullement que la nature langagière des matériaux rende parfois inévitable le recours à des connaissances sur la phrase qui seront donc «empruntées» à diverses théories linguistiques.

On pourrait imaginer que des références plus pertinentes pour situer nos expériences soient à chercher du côté des travaux récents sur la «linguistique textuelle» développés surtout en Allemagne et aux Pays-Bas (voir par exemple J.S. Petöfi, Garcia Berrio, 1978) qui fournissent un cadre conceptuel où se trouvent définies des notions fondamentales comme l'unité, la cohésion, la délimitation des entités textuelles, ... De fait, bien qu'il y ait certains recoupements sur le plan des démarches qui visent les unes et les autres à dégager des schémas structurels, notre propos est différent en ce qu'il ne prétend pas élaborer une théorie abstraite de portée générale sur le texte, mais qu'il examine des textes particuliers, concrets pourrait-on dire, en s'attachant à mettre en évidence quelques-uns des problèmes techniques que soulève la caractérisation de leur structure. Plutôt que de partir d'un cadre théorique défini a priori comme c'est le cas de la plupart des «grammaires textuelles», nous avons procédé empiriquement en appliquant à l'analyse de textes particuliers une grille où se retrouvent les deux catégories de critères pertinents pour nos objectifs: articulations du raisonnement, amorce du processus de formalisation induit par l'informatique. Que les observations ou les méthodes que nous proposons puissent ultérieurement contribuer à une meilleure connaissance théorique des structures textuelles n'est pas à exclure.

La première étude porte sur la constitution d'une base de données textuelles dont l'utilisation repose sur cette forme élémentaire de raisonnement qu'est la comparaison par appariement, pour répondre à des interrogations sur la présence ou l'absence dans la base de certaines catégories d'informations textuelles évoquées dans des questions qui sont elles-mêmes des textes. Les contraintes liées à l'utilisation de l'ordi-

nateur pour résoudre des problèmes aussi simples suffisent à mettre en évidence la difficulté de construire des représentations symboliques des textes vérifiant les critères d'explicitation et de régularité.

Un autre élément important est la prise en compte de la matérialité du texte. *Jacques Virbel, qui a joué un rôle essentiel dans cette étude, a développé ultérieurement une analyse formelle approfondie de ce concept dont la maîtrise est indispensable pour tous les problèmes d'édition pilotée par ordinateur (Tazi, Virbel, 1984).*

Le deuxième texte présente à la fois une étude sur le raisonnement et des propositions théoriques concernant la structure formelle de cette catégorie particulière de textes que sont les contes populaires. A partir d'éléments isolés dans l'œuvre de Propp relatifs à la structure abstraite des contes et à partir également de nos propres hypothèses sur la nature formelle de ces structures, le propos est double: d'une part expliciter et reconstituer l'ensemble du raisonnement proppien et d'autre part montrer que son travail établit déjà, bien que de manière partiellement implicite, l'articulation entre un modèle structural et un modèle génératif du type de ceux que la linguistique contemporaine ne proposera que postérieurement. Le paradigme proppien fonde également une approche novatrice particulièrement rigoureuse du passage de la forme au sens, de la structure des contes à leur interprétation anthropologique.

Chapitre 1
Méthodes informatiques d'analyse des textes

Donnons immédiatement les éléments à partir desquels nous souhaitons articuler notre réflexion: 1) l'importance accordée aux sources textuelles et à leur intégration formelle dans les constructions historiques; 2) l'émergence de techniques de traitement de l'information dont l'impact réel sur le point 1 n'a pas encore été mesuré dans toute son importance. Notre propos sera précisément de contribuer à mettre en lumière l'interdépendance de ces deux éléments et à montrer en particulier comment les contraintes imposées par le recours aux méthodes informatiques pour le traitement des textes induisent des modifications dans le statut même de l'information mise en jeu, et de ce fait comment l'intelligence de la technique retentit en dernière analyse sur la nature[1] des constructions scientifiques auxquelles elle concourt.

---

[1] Remise en question des méthodes et remise en question des objectifs sont inséparables. Nous pouvons cependant mieux préciser ici notre distinction entre la *manière* de parvenir à certains résultats (méthodes), et la *nature* de ces résultats (objectifs). Ce dernier terme peut en effet avoir deux sens et, selon le contexte, désigner soit le *contenu* lui-même des résultats visés par l'archéologie (une organisation sociale déterminée, les modalités d'utilisation de telle ou telle ressource naturelle, la séquence des états morphologiques d'un type d'objet, etc.), soit le *statut* de ce résultat sur le plan scientifique, sa valeur logique et sa nature abstraite. (Quelles sont ses relations avec les observations de base qui ont servi à l'établir? S'agit-il d'une tendance statistique? d'une relation déterministe? A-t-il été inféré? Est-ce une pure projection subjective de l'archéologue? etc...).
De ces trois éléments: méthodes, objectifs/contenu, objectifs/statut, nos remarques visent le premier et le troisième, qui sont bien entendu interdépendants. Pour la facilité de l'exposé nous ferons volontiers référence à des «objectifs/contenu» parfaitement classiques, étant cependant entendu que la modification des deux autres ne peut s'accomplir, dans le réel, qu'en gagnant aussi ce dernier. Et vice versa.

Situation de l'analyse des données textuelles dans le contexte de la documentation automatique.

La documentation, au sens général, est l'ensemble des activités par lesquelles les documents sont rassemblés et l'information utile qu'ils véhiculent enregistrée de manière à pouvoir être retrouvée et diffusée vers les utilisateurs.

Il est compréhensible que les théoriciens, et notamment les linguistes, n'aient accordé que peu d'attention aux méthodes de l'analyse documentaire : celles-ci se sont en effet longtemps réduites aux opérations empiriques par où l'on attribue à un texte quelconque un ou plusieurs «mots-vedette» destinés à faciliter le repérage du document lors de recherches portant sur un thème donné.

Or, le passage d'un texte original à l'ensemble de ces termes de représentation constitue de toute évidence une opération sémantique, même s'il est vrai qu'elle n'obéit souvent à aucune espèce de règle précise, et que chaque organisme de documentation, chaque analyste même, se borne à viser en l'occurrence une certaine régularité interne, fondée sur l'expérience ou l'habitude plutôt que sur une procédure explicite.

L'intervention de l'informatique a profondément modifié les conditions dans lesquelles s'exerce l'activité documentaire (banques de données vs. bibliothèques), du point de vue des problèmes à résoudre comme des services à attendre, à la faveur de l'automatisation des travaux documentaires, et ceci pour deux raisons. En premier lieu, il apparaît que l'emploi de machines pour les recherches bibliographiques permet d'étendre considérablement le nombre des informations retenues à propos de chaque document; au lieu de se situer à trois ou quatre mots-vedette, on peut désormais envisager des représentations beaucoup plus riches, allant à la limite jusqu'à la mise en mémoire d'une paraphrase complète des énoncés originaux dans un langage symbolique adéquat. En second lieu, la nature même de cette paraphrase fait l'objet d'études sérieuses, où l'on cherche à la rendre justiciable à son tour de la mécanisation (Bely et al., 1970).

Ces deux aspects de l'évolution récente des techniques documentaires tendent à relier celles-ci au domaine de la linguistique; et l'on comprend que les méthodes élaborées dans ce domaine, quel qu'en soit le caractère éminemment utilitaire, aient quelque rapport avec le problème général de l'analyse sémantique, tel qu'il se pose sous diverses formes dans les sciences humaines.

Les *systèmes documentaires*, qui tendent à remplir les fonctions documentaires attachées à un champ scientifique donné, relient ainsi aussi bien sous leurs aspects techniques que théoriques, différents problèmes méthodologiques concernant la construction et l'utilisation d'outils d'analyse sémantique.

Les systèmes documentaires

Un système documentaire est un ensemble de règles qui autorisent l'enregistrement et la recherche des informations dans un champ scientifique déterminé; c'est également l'ensemble des procédures qui sont mises en jeu pour réaliser effectivement ces opérations à l'aide de moyens techniques appropriés. La complémentarité de l'approche analytique selon laquelle sera exploré, puis restitué, le contenu des documents et de sa concrétisation à travers un appareillage déterminé se reflète dans les deux types d'opérations qui marquent chacun des deux moments essentiels de l'activité documentaire. Dans le premier moment, qui est celui de l'acquisition de l'information, il revient à l'*analyse documentaire* de sélectionner au sein des documents la partie correspondant à la visée scientifique globale poursuivie, pour la transformer et l'exprimer sous une forme qui soit compatible avec les contraintes découlant de la nature du système utilisé. Ce sont les résultats de cette analyse et eux seuls qui sont retenus. L'opération d'*enregistrement*, au plan technique, est celle par laquelle ils viennent occuper la mémoire du dispositif physique, constituant le *stock* d'information où viendra puiser dans un deuxième moment la *recherche documentaire*. Cette phase pose elle-même en premier lieu des problèmes du type de ceux que l'on a rencontrés lors de l'analyse des documents: la demande d'information devra être transformée de manière à s'exprimer sous une forme régulière, c'est-à-dire comparable avec celle de l'information. Le contenu des documents ne pourra être mis en mémoire qu'après une transformation destinée à le mettre sous une forme normalisée. Cette opération porte précisément le nom d'analyse documentaire, et l'instrument qui permet de l'effectuer, le système sémiologique dans lequel seront exprimés les produits de l'analyse constitue un *système de représentation* dont les termes peuvent ou non être organisés par un ensemble de règles qui expriment les relations existant entre eux. Dans la mesure où la recherche documentaire s'effectue par une *consultation de mémoire*, qui est un calcul strictement formel, il va de soi que les questions elles-mêmes devront subir une transformation identique. La mise au point des algorithmes d'enregistrement et de recherche de l'information soulève d'ailleurs des difficultés techniques qui augmentent rapidement avec le volume des documents recensés et la complexité des critères de représentation, difficultés liées également aux caractéristiques des dispositifs physiques utilisés et des outils de programmation qui leur sont attachés.

Un système documentaire peut être représenté par un schéma analogue à celui-ci (Cros et al., 1968):

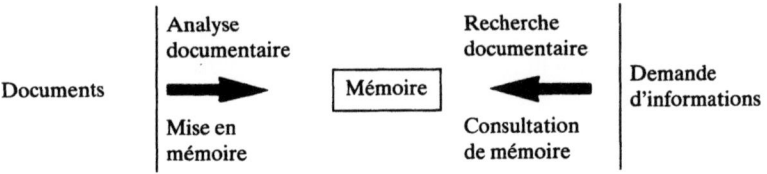

Ce schéma rend compte des traits essentiels de tout système documentaire, mais chacun de ses moments — analyse documentaire et mise en mémoire, recherche documentaire et consultation de mémoire — ou de ses *outils*, qu'il s'agisse de systèmes de représentation, de programmes de mise en mémoire, de recherche ou d'édition, du dispositif physique proprement dit, est en réalité susceptible de prendre les aspects les plus variés, selon les caractéristiques propres au système envisagé.

Les langages documentaires

L'information emmagasinée dans la mémoire de la machine consiste en un ensemble de configurations particulières d'éléments qui, pour les machines dites digitales, se trouvent dans l'un ou l'autre de deux états physiques possibles: magnétiques, électriques, transparent/opaque, etc. C'est seulement à travers l'utilisation d'un système de procédés opératoires de plus en plus complexes que l'utilisateur arrive à communiquer avec la machine en termes de mots ou d'expressions dans un langage de programmation. Ces procédés opératoires ne sont rien d'autre qu'une médiation entre la manipulation formelle de symboles et le contrôle des modifications correspondantes de l'état physique de la machine. Leur intérêt est de permettre à l'utilisateur, de la place qui lui est assignée dans le système, d'opérer *comme si* la machine comprenait les mots et les nombres. Cette «compréhension», est-il besoin de le préciser, est purement conventionnelle et strictement limitée à la définition attribuée à chaque terme. En particulier, ces signes n'auront entre eux aucune relation, aucun rapport qui ne leur ait été explicitement affecté. Il y a là, dans la perspective de l'analyse documentaire, une opposition essentielle avec la richesse, la complexité, mais aussi l'imprécision, l'ambiguïté du réseau notionnel de l'opérateur humain.

Le propre des langues naturelles dans lesquelles sont rédigés les documents-source est de présenter en effet un certain nombre de phénomènes qui vont à l'encontre des exigences de l'automate. Le contenu des documents ne pourra dont être utilement mis en mémoire que sous une forme normalisée. Nous appellerons analyse documentaire l'ensemble des opérations qui permettent d'aboutir à cette forme et *langage documentaire* (L.D.) le système de repésentation qui en est l'agent.

L'utilisation d'un automate implique par conséquent la construction préalable d'un tel réseau pour le champ scientifique visé, en isolant les concepts que l'on juge utile de retenir et en définissant les relations qui les articulent les uns par rapport aux autres. La mise sur pied de cette trame sémantique fixe exactement la nature de l'information qui sera effectivement traitée par le système documentaire; et cette précision, répétons-le, est tout à fait indispensable si l'on entend confier à une machine le soin de conserver, puis de reconnaître et de restituer tout ou partie de cette information.

Il est inutile de souligner que si les deux opérations évoquées ci-dessus sont entendues dans leur acception la plus générale, elles désignent alors ni plus ni moins l'essentiel de la démarche cognitive, et cela seul suffirait à marquer ce que seraient les ambitions d'une démarche documentaire extrême. En fait, chaque système documentaire réel se définit par rapport à une *visée particulière* et par rapport aussi à un *niveau de connaissance*.

Un *lexique documentaire* est l'ensemble des termes qui figurent dans un L.D. C'est par conséquent la *forme minimale* du L.D. Ces termes sont appelés *descripteurs*, ou *mots clés*. Il peut se présenter en particulier sous la forme de *dictionnaire normalisé* (liste alphabétique des termes utilisés nécessairement pour l'indexation) ou de *classifications* définies selon des critères sémantiques. Ainsi, par exemple, des classifications qui groupent selon des structures arborescentes les sous-ensembles de termes ordonnés par inclusion (mais on dispose alors d'un outil qui est davantage qu'un lexique puisqu'il comporte des relations entre les termes).

La *syntaxe* du L.D. est l'ensemble des procédés utilisés pour exprimer les relations logiques que l'on a décidé de retenir entre les termes. Chaque document représenté (indexé) en vue de son enregistrement et de son *stockage* dans la mémoire du système physique se réduira donc à une liste de descripteurs normalisés, articulés entre eux (en général deux à deux) par des relations marquées formellement, au même titre que les opérations arithmétiques ou logiques habituelles.

Dans la mesure où la recherche documentaire s'effectue par une consultation de mémoire qui est un calcul strictement formel, il va de soi que les questions elles-mêmes devront subir une transformation identique. Un *langage documentaire* est donc un ensemble de termes, *avec* ou *sans* procédés syntaxiques conventionnels, utilisé pour représenter un certain nombre de documents scientifiques, en vue du classement et de la recherche rétrospective d'informations.

Les problèmes d'analyse concernant les données textuelles

Le fait même de substituer aux textes en langage naturel une paraphrase ou «représentation» formulée dans des termes différents suppose l'existence d'un système de représentation autonome, où sont définis les éléments constitutifs de la paraphrase: unités lexicales d'une part, à savoir les symboles désignant les notions ou concepts élémentaires du métalangage, et conventions syntaxiques d'autre part, pour l'expression des relations logiques observées entre ces concepts dans les chaînes soumises à l'analyse. La raison d'être d'un tel métalangage tient aux anomalies connues du langage naturel, du point de vue sémantique: des termes LN différents sont tenus pour équivalents (synonymies); à un même terme LN sont associés plusieurs sens distincts (homonymies, homographies, polysémies); des tournures syntaxiques différentes sont tenues pour équivalentes quant à la relation logique sous-jacente (allotaxies); à une même tournure LN sont associées des relations logiques distinctes (homotaxies); des équivalences plus complexes sont posées entre mots et phrases d'un même langage (définitions). Il n'est pas utile de s'étendre sur le poids de ces phénomènes, évoqués dans tous les traités de sémantique, comme aussi dans les ouvrages consacrés plus particulièrement aux problèmes documentaires. Bornons-nous à souligner qu'il suffit de les reconnaître pour que soit postulée la nécessité de systèmes symboliques étrangers aux langages naturels considérés, où l'irrégularité des correspondances entre signifiants et signifiés fait place à une normalisation des premiers, fondée sur l'invariance relative que l'on prête aux seconds, dans un domaine de référence donné. Que cette invariance soit relative, cela paraît aller de soi; les assimilations ou dissimilations sémantiques proposées par chacun varient selon le degré de finesse qu'il assigne à l'analyse, en fonction notamment du champ d'observation concerné. Le découpage du monde empirique n'est évidemment pas le même pour l'astronome, l'archéologue ou le physicien.

Les types de problèmes sur lesquels débouchent ces reconnaissances sémantiques sont à la fois généraux par l'étendue des disciplines où ils se posent (une grande partie des sciences de l'homme) mais également importants ou du moins jugés comme tels puisque c'est précisément à leur résolution que s'attache l'ensemble des procédures connues sous le nom d'analyse du contenu. Cette exploration sémantique mobilise aussi bien des méthodes syntaxiques que mathématiques, par exemple statistiques; leur mise en œuvre passe le cas échéant par le traitement mécanique des documents. Au niveau le plus modeste, il est facile de vérifier que la simple mise sur pied d'un *lexique* où sont levées les anomalies banales dues aux synonymies et polysémies ne va pas sans problèmes; a fortiori si l'on veut associer à chacun des termes retenus sa ou ses définitions. Il y a là prétexte à une série de confrontations et de mises au point d'où peuvent sortir des clarifications substantielles pour le domaine considéré.

Ces quelques observations élémentaires montrent comment le jeu propre de l'analyse documentaire engendre au fur et à mesure qu'il se déroule la constitution d'un système de symboles nécessaires pour nommer d'une manière ou d'une autre les produits mêmes du jeu, sur le plan lexical et syntaxique.

Le fonctionnement satisfaisant d'un système documentaire suppose ainsi résolues un ensemble de questions auxquelles des réponses doivent nécessairement être apportées *lors de la construction du système*. Ces questions, pour nous résumer, concernent *conjointement* :
 - La délimitation du corpus à partir d'un matériau initial.
 - La mise au point d'un système de représentation, constituant la base sur laquelle sont exprimées l'ensemble des décisions concernant la nature et l'étendue de l'information jugée pertinente pour le domaine considéré (en vertu par conséquent d'un corpus donné, pour la génération de produits documentaires donnés).
 - La mise au point parallèle d'un système de consultation, exprimant les opérations de traduction du contenu des demandes documentaires dans des termes compatibles avec ceux de l'analyse initiale, et les opérations logiques de sélection des informations recherchées.

Ce sont ces aspects que nous voudrions aborder maintenant, en décrivant assez sommairement les éléments caractéristiques d'un système documentaire particulier dont l'objectif est de mécaniser l'édition et la consultation du Corpus des Inscriptions Latines. Nous nous bornerons seulement à signaler celles de ses propriétés qui nous semblent les plus intéressantes pour notre propos, réservant pour un dernier paragraphe quelques remarques tendant à éclairer mutuellement les points abordés successivement dans ce paragraphe et le précédent, du moins pour les plus importants d'entre eux.

Exposé sommaire des caractéristiques d'un système documentaire visant l'édition et la consultation automatiques du Corpus des Inscriptions Latines (Système SYCIL)

Le domaine de l'épigraphie latine est caractérisé par une forte tradition d'ordre documentaire. L'édition des textes et la constitution de nombreux indices et tables sont en effet l'objet de soins attentifs et répondent à des règles bien précises, affinées par une longue pratique.

Les raisons qui pouvaient inciter à envisager la mécanisation de cette documentation sont principalement :

a) La très grande masse des matériaux épigraphiques, cet aspect quantitatif jouant négativement sur la publication des instruments documentaires.

b) Le besoin, très mal assuré dans l'état actuel des publications, de disposer de la totalité des informations et des références pour un matériel donné.

c) Une troisième raison tient au *principe* même des indices. Ceux-ci en effet consistent principalement en une édition tabulée et référenciée d'extraits de textes classés selon divers critères (alphabétique, conceptuel, chronologique, géographique, etc.). Or leur nombre étant nécessairement limité, toute recherche recouvrant plusieurs thèmes impose un travail de comparaison extrêmement étendu et fastidieux.

d) Enfin, un dernier point concerne le *contenu* des indices. Il est clair que, malgré leur orientation encyclopédique, les indices ne peuvent enregistrer la totalité des éléments attestés dans l'ensemble du Corpus. Or, en droit, n'importe lequel de ces éléments est susceptible de constituer une source d'information. Il s'agit donc d'envisager de passer à une conception non limitative des indices — que ce soit quant à leur mode d'organisation ou à leur contenu, et par conséquent à leur nombre — à condition, naturellement, que les éléments qui doivent y intervenir soient catégorisables du point de vue épigraphique.

Pour ces raisons, le recours à l'ordinateur, en vertu de ses caractéristiques (capacité de mémoire, performances, souplesse d'organisation, etc.) permet d'apporter des solutions satisfaisantes, du point de vue de la quantité de l'information à traiter, de la rapidité d'accès, des facilités d'organisation et de classement, des possibilités d'effectuer rapidement et systématiquement toutes les mises à jour nécessaires [2].

---

[2] L'étude théorique et expérimentale ayant conduit à la construction de ce système documentaire a été menée conjointement par des chercheurs du LISH (CNRS), MM.E. Chouraqui et J. Virbel; de l'Institut d'Archéologie Méditérranéenne (CNRS), M. M. Janon, et de l'Université de Provence, MM. P. Corbier et P.A. Février.

La nature des objectifs

Le projet de reprendre et de continuer par le recours à des moyens informatiques l'édition et la consultation du CIL correspond ainsi clairement à une nécessité impérieuse de la recherche, tenant aux conditions mêmes d'accès aux données épigraphiques. Cette constatation initiale peut être prolongée par l'examen des objectifs recherchés, c'est-à-dire par l'analyse des impératifs et des centres d'intérêt de la recherche épigraphique, en vue de définir les caractéristiques du système pouvant réaliser ces objectifs.

Ces impératifs peuvent pour l'essentiel être énumérés comme suit :

a) La nécessité fondamentale d'exprimer les diverses interprétations et restitutions apportées à l'état initial du texte. Cette nécessité découle du fait que l'exploitation du matériel épigraphique passe par un très minutieux travail de mise au point qui est déjà, par nature, un aspect de cette exploitation. Une contrainte très raisonnable est donc apportée dans l'exigence de pouvoir toujours utiliser soit *une lecture particulière* de l'inscription, soit sa *forme originelle*. Le projet de produire conjointement les deux états d'un texte est donc tout à fait fondé, et répond bien aux *nécessités internes* de la recherche épigraphique[3].

b) La nécessité de prendre en considération, selon diverses pondérations qui doivent être précisées, les points de vue extrêmement variés à partir desquels le matériel épigraphique constitue une source d'information. Que ce soit en effet à titre de source principale ou auxiliaire, comme données initiales ou de vérification, il apparaît à l'examen que les données épigraphiques peuvent intéresser un nombre très important de disciplines: histoire générale ou liée à certaines données, militaires, économiques, sociales, généalogiques, religieuses, etc.; archéologie; géographie humaine; histoire de la langue, de la littérature, etc. La diversité possible de ces points de vue recoupe la nature polyvalente des inscriptions qui, par leur aspect linguistique, intéressent tout ce qui touche à l'histoire de la langue latine, par le contenu qu'elles véhiculent, l'histoire de la civilisation, et par leur aspect matériel, plus particulièrement l'archéologie.

Les produits documentaires visés doivent donc répondre aux préoccupations centrées sur l'un ou l'autre de ces aspects.

c) Cette diversité s'exprime concrètement au niveau même des éléments tenus pour pertinents parmi l'ensemble de ceux que comportent

---

C'est d'ailleurs trois et non deux versions qu'engendre finalement le texte initial de l'inscription, dans la mesure où les indices de vocabulaire recensent les termes selon une forme *canonique* (nominatif singulier pour les substantifs, par exemple).

les objets considérés. En effet, suivant les thèmes de recherche projetés, l'exploitation du matériel épigraphique peut selon les cas s'intéresser exclusivement, ou le plus souvent concurremment, aux aspects suivants :

- Les propriétés matérielles de l'objet (son matériau, ses dimensions, etc.).

- Ses propriétés interprétées plus archéologiquement (le contexte archéologique précis de sa découverte, le support sur lequel réside l'inscription, l'existence d'un décor, la date connue ou supposée, etc.).

- Ses propriétés proprement linguistiques (existences de fautes d'orthographe, de phénomènes syntaxiques ou morphologiques particuliers, etc.).

- Ses propriétés disons «stylistiques» ou «littéraires»: utilisation de formules particulières (par exemple, funéraires, dédicaces, etc.), citations ou expressions littéraires particulières (vers, etc.).

- Ses rapports avec un «genre» épigraphique donné, que ce genre réponde à des régularités couramment observables (comme c'est le cas des inscriptions funéraires, par exemple) ou qu'il relève de certains thèmes généraux que les épigraphistes tiennent pour une manière pratique de classer des inscriptions (inscriptions funéraires, dédicaces, impériales, religieuses, etc.).

- Ses propriétés de «contenu», c'est-à-dire le contenu propre du texte de l'inscription.

- Les propriétés orthographiques de l'expression de ce contenu (l'existence de cas nombreux d'abréviations, de réduction à des sigles, etc.).

- Les marques de «l'histoire interne» de l'objet, visible soit au niveau archéologique (dans divers remplois), soit au niveau linguistique dans des érasures, regravures, surcharges, etc.

- Les propriétés proprement «graphiques» relatives au mode de graphie du texte : types d'écriture, caractères des signes, de la disposition, unité ou multiplicité des scripteurs, etc.

Cet inventaire fait apparaître qu'à la multiplicité des centres d'intérêt liés au matériel épigraphique, correspond une multiplicité de *niveaux*, d'*extension* et de *nature des informations* utiles qu'il comporte et qui doivent être prises en compte.

d) Un dernier impératif peut être souligné. Cette multiplicité suggère que quelles que soient les décisions prises pour délimiter l'étendue et la nature des informations finalement retenues, la fonction des produits documentaires obtenus sera extrêmement variable suivant les thèmes de recherche. Dans le cas le plus simple, le produit documentaire — si le langage d'analyse est suffisamment fin et approprié — peut constituer une part importante d'une interrogation particulière.

En revanche, d'autres thèmes de recherche, ou d'autres visées, peuvent exiger un travail ultérieur beaucoup plus approfondi. On peut être ainsi amené à entreprendre divers classements, comptages, traitement statistiques, etc., *portant sur les réponses documentaires elles-mêmes*, et livrer ces nouveaux résultats à la réflexion historique. Or certaines de ces opérations, telles que comparaisons, comptages, classifications, exploitations statistiques, etc., sont des opérations que peut prendre en charge un ordinateur. Dans cette hypothèse, il est donc nécessaire de prévoir que l'expression des données (tant du point de vue de leur contenu que de celui de leur représentation) puisse se prêter à une exploitation de cet ordre[4].

Cet examen permet de définir une première formulation des propriétés du système concernant les produits documentaires visés, la nature et l'étendue des informations à prendre en compte, et les propriétés structurelles de fonctionnement, en rapport avec les impératifs de la recherche épigraphique. Il convient d'examiner alors comment ces objectifs se traduisent au sein du système lui-même.

Matérialisation des objectifs au sein du système documentaire

a) Nature des produits documentaires visés

Les produits documentaires sont de deux ordres :

1. Des éditions *in extenso* des textes, en trois versions :
- Une version «brute» (B), correspondant à la version attestée.
- Une version «interprétée» (I), comportant un ensemble d'interprétations et de restitutions (mutilations, abréviations, etc.).
- Une version «canonique» (C) où toutes les occurrences sont ramenées à des formes morphologiquement canoniques.

2. Des réponses documentaires correspondant à une généralisation des indices, et réalisant les possibilités suivantes :
- Interrogation du système sur la partie «textuelle» de l'inscription et/ou sur sa partie «objectuelle» (propriétés matérielles, archéologiques, etc.).

---

[4] Cet aspect ne sera pas développé ici. Pour un exemple d'exploitation statistique de données épigraphiques, cf. M. Borillo *et al.* (1973). Pour un exposé relatif à la génération automatique de grilles descriptives à partir d'un système documentaire, cf. Igmraf. Enfin, on trouve dans Bourrelly *et al.* (1973) un exposé relatif à un système de traitement de l'information intégrant une bibliothèque de programmes scientifiques.

- Recherche de la présence ou de l'absence, et éventuellement extraction et édition de toute phraséologie particulière, dénotée soit par son énoncé, selon l'une des versions B, I ou C, soit au contraire par une notation conventionnelle (par exemple : EMPEREUR, OFFICIER, EDIFICE, etc.) pouvant être manifestée dans les textes selon diverses phraséologies.

- Possibilié d'éditer les produits de ces recherches selon des conventions de *classification* (ordre alphabétique des phraséologies, ordre conceptuel des éléments de contenu, ordre chronologique ou géographique des objets, etc.), de *hiérarchisation de ces classements*, et de *dispositions typographiques* (selon les axes lignes et colonnes) librement fixées par l'utilisateur.

b) Contenu des produits documentaires

Le contenu souhaité des produits documentaires permet de définir au sein des objets la *nature*, l'*étendue* et l'*organisation* des informations qu'il convient de repérer et de marquer lors de l'analyse documentaire préalable à l'enregistrement des données. Ces informations, comme on l'a vu, sont de nature fort diverse, et mobilisables concurremment au sein d'une question.

1. Un premier groupe concerne le «contexte» du texte, c'est-à-dire les aspects matériels et archéologiques de l'objet qui porte ce texte (datation, lieu de découverte, de conservation, situation de remploi, dimensions, matériau, support, décor, etc.)[5].

2. Un second groupe concerne le «texte» proprement dit, et celui-ci se subdivise selon qu'il concerne la *lecture* du texte (il s'agit alors de ses propriétés graphiques et orthographiques, au sens le plus général) ou son *interprétation* (en terme de contenu, de faits de langue, etc.) ces deux opérations étant naturellement *solidaires* dans le processus d'analyse, mais pouvant constituer des niveaux isolables *quant à leurs résultats* (cf. ci-dessous).

c) Structure du système

Le système documentaire répondant à ces préoccupations suppose donc que chacun des deux termes de la représentation des données, puis de leur consultation, reçoive l'ensemble organisé des spécifications aptes à lui permettre de remplir les tâches visées.

La représentation, tout d'abord, n'est assurée qu'au terme d'une analyse des données comportant les quatre aspects principaux suivants (en ce qui concerne seulement la face textuelle de l'objet).

---

[5] Cet aspect ne sera plus considéré ci-dessous, où nous nous limiterons à la seule face «textuelle» de l'objet «inscription».

1. Une *lecture* du texte, effectuée par l'épigraphiste, et visant à créer les conditions intellectuelles et matérielles de la réussite des opérations suivantes. A ce niveau, c'est tout le *savoir* du lecteur qui est sollicité pour obtenir à partir de la version attestée sur l'objet l'ensemble des éléments qui seront ensuite mis en jeu. Il est évident que dans le cas considéré, les composants fondamentaux de ce savoir concernent d'une part la maîtrise de la langue latine, aussi bien selon un ordre général de connaissance que du point de vue des habitudes graphiques et discursives des rédacteurs d'inscriptions, et d'autre part, une culture historique centrée sur la civilisation romaine et allant jusqu'aux aspects plus proprement épigraphiques selon lesquels elle se manifeste.

2. Une *transcription* du texte visant à créer une version particulière dite «version d'enregistrement», sur laquelle s'appuiera le programme chargé de générer automatiquement les trois versions d'édition souhaitées. A ce niveau, il s'agit par conséquent de réaliser cette version d'enregistrement en manipulant simultanément.
- La version attestée et la «lecture» initiale qu'on lui associe.
- Un *langage de transcription* réalisant le passage de la version attestée à la version d'enregistrement.
- Un ensemble de *règles de transcription* qui définissent, sur un mode opératoire, les instructions qui doivent être suivies pour la réalisation de ce passage. Ces règles, qui peuvent être vues comme un «mode d'emploi» du langage de transcription intègrent donc de manière unitaire les divers éléments provenant aussi bien d'une certaine mise en œuvre d'un savoir spécialisé que des configurations textuelles des objets analysés et de l'algorithme de traitement sous-jacent au programme de génération des versions.

3. Une *indexation*[6] qui vise à associer aux éléments des textes des informations permettant lors de la consultation de générer des indices de tous ordres. Cette indexation elle-même comporte deux aspects, *liés* dans la pratique :
- Une *segmentation*, qui a pour but de découper le texte en unités particulières.
- Une *caractérisation*, qui consiste à associer à chaque segment les informations d'ordre sémantique, syntaxique, stylistique, etc., nécessaires à la production des indices. L'indexation est assurée par un *langage d'indexation* qui lui-même comporte deux éléments :
- Un *lexique*, qui recense les termes conventionnels, appelés *descripteurs*, permettant de caractériser les segments du texte transcrit. Ces

---

[6] C'est tout à fait conventionnellement que l'on peut parler de «transcription» et d'«indexation», la distinction marquant que, au niveau des résultats livrés par l'analyse documentaire, on représente le document *à deux niveaux de représentation*.

descripteurs comportent de plus une organisation logique, visant à formaliser une partie du réseau notionnel de l'analyste.

- Une *syntaxe*, constituée par un ensemble des relations logico-syntaxiques susceptibles de lier certains segments ou descripteurs entre eux.

La caractérisation du texte transcrit, segmenté à l'aide du langage d'indexation, est effectuée grâce à des *règles d'indexation* qui régissent les modalités de cette caractérisation de manière à la rendre *univoque* et *régulière*, conditions indispensables au fonctionnement satisfaisant ultérieur de la recherche documentaire (et qui sont aussi en jeu pour la transcription).

4. Une *représentation* proprement dite des résultats des opérations antérieures, qui traduit, selon des conventions formelles strictement définies, ces résultats sous la forme d'un bordereau d'enregistrement.

Symétriquement, la consultation du système documentaire est assurée au terme d'un processus d'analyse recouvrant les aspects principaux suivants :

1. La *formulation* d'une demande d'information, telle que cette demande soit *pertinente* pour le système documentaire. Cette opération suppose non seulement une culture historique et épigraphique du même ordre que celle qui joue lors de l'analyse, mais aussi la connaissance des spécifications du système, pour ce qui concerne la nature du corpus traité, des informations retenues, la forme documentaire selon laquelle elles sont restituables.

2. A un second niveau, il s'agit de traduire le contenu de cette demande sous la forme d'une *question documentaire* proprement dite, bien formée par rapport à des conventions que fixe le système de consultation. Celui-ci comporte :

- Des règles d'expression du contenu des questions selon des conventions qui rendent ces dernières *comparables* pour l'automate avec la représentation des documents enregistrés.
- Des règles de classification (critères de classification, hiérarchisation) des éléments indiqués dans les questions.
- Des règles d'édition, fixant le mode de tabulation de ces éléments.

Nous n'entrerons pas dans le détail du système de consultation ci-dessus (Chouraqui et al., 1974), mais nous nous bornerons à donner quelques aperçus du système de représentation, en nous limitant à la transcription et à l'indexation.

Le système de représentation (transcription et indexation)

a) Le langage de transcription

Celui-ci comprend des *codes* et des *opérateurs* ayant les propriétés suivantes :

1. Chaque code a une *signification particulière*, bien précise, et correspondant à la désignation d'un phénomène reconnu dans la version attestée : abrègements, fautes d'orthographe, incomplétudes, mutilations diverses, etc.

2. Chaque code possède une *symbolisation* particulière (marque[s]).

3. Du point de vue de leur structure, on peut distinguer trois types de codes appelés conventionnellement :
- *Ponctuels*, possédant une marque.
- *Segmentaux simples*, possédant deux marques, droite et gauche enfermant un texte.
- *Segmentaux complexes*, comportant trois marques, droite, centrale et gauche, et deux textes, droit et gauche, vis-à-vis de la marque centrale.

4. Les opérateurs, au nombre de trois, respectivement : « suppression et tassement » (−), « maintien » (+) et « remplacement par un blanc » (/) représentant les opérations de traitement effectuées par le programme de génération des versions B, I et C pour chaque élément (marque[s] et/ou texte[s]) de chaque code.

b) Les règles de transcription

La part la plus formalisée des règles de transcription est constituée par deux éléments :

1. Un *schéma de versions* qui indique les affectations des opérateurs aux éléments des codes pour chaque version B, I et C.

2. Des *instructions* relatives aux configurations que ces codes peuvent ou ne peuvent pas présenter lors de la transcription en vertu des opérations effectuées par le programme de génération (elles interdisent, par exemple, le chevauchement de marques de codes segmentaux, n'autorisant que leur succession ou leur inclusion). L'algorithme prévoit le traitement en priorité des codes segmentaux (simples ou complexes), et parmi ceux-ci, d'abord de ceux qui présentent des emboîtements ; puis, celui des codes ponctuels, inclus ou non dans des segments isolés par les premiers. L'emboîtement de codes segmentaux est repérable par une suite de parenthèses fermées (seule la marque gauche des codes segmentaux est distincte, la marque droite étant dans tous les cas une parenthèse fermée), ou par la présence, après une marque ouvrante (gauche), d'une autre marque ouvrante (dans l'ordre

de lecture) avant que la parenthèse fermée (marque fermante droite) du premier code ne soit rencontrée.

c) Le langage d'indexation

L'indexation est assurée par un langage d'indexation, comprenant un lexique organisé, des descripteurs et une syntaxe, et par un ensemble de règles qui fixent les modalités de l'indexation (Janon, Virbel, 1974).

1. Le lexique

Il comprend l'ensemble des descripteurs nécessaires pour l'indexation des textes, c'est-à-dire finalement pour l'extraction, la tabulation organisée et l'édition de tout fragment de texte. Nous ne pouvons malheureusement pas nous étendre sur le contenu de ce lexique. Disons rapidement qu'il comprend une vingtaine de chapitres (pour ce qui concerne les textes seulement; le contexte donnant lieu à une autre section), couvrant l'ensemble des faits de contenu et de langue qui ont été *jugés pertinents pour la recherche*. Il s'agit, par exemple, des chapitres suivants[7]:

- PERSONNES (J) : types sociaux de personnes attestées dans les textes (MAGISTRATS et HAUTS FONCTIONNAIRES, MILITAIRES, PRETRES, MAGISTRATS MUNICIPAUX, TITULAIRES et DIGNITAIRES, PERSONNES SANS QUALITE, etc.).

- EMPEREURS (M), qui comprend l'ensemble des empereurs et des membres de leurs familles. Les EMPEREURS sont classés en «dynasties»: AUGUSTE (MA), JULIO-CLAUDIENS (MB), FLAVIENS (CM), etc., et à l'intérieur de chaque classe, par ordre chronologique: TIBERE (MBA), CALIGULA (MBB), CLAUDE (MBC), etc; les membres de la famille d'un empereur sont représentés par des codes apparentés à celui de l'empereur concerné: DRUSUS IVLIUS CAESAR (MBAA), DRVSUS CAESAR (MBAB), TIBERE CAESAR (MBAC), etc.

- DENOMINATION DES PERSONNES (K) où sont indiqués les éléments de désignation: PRENOM, COGNOMEN, GENTILICE, TRIBV, ORIGO, SIGNUM, SEXE, etc. (voir fig. page 88).

- PARENTE: PATER, MATER, FILIVS, FILIA, etc.

---

[7] La signification conventionnelle des descripteurs est dénotée par des majuscules, leur symbolisation est notée entre parenthèses. On remarquera que l'organisation conceptuelle de ces descriptions est marquée par l'emboîtement alphabétique de leurs symboles — ce parti permettant d'éviter l'enregistrement explicite des relations entre descripteurs, ce qui est nécessaire lorsque leur symbolisation est arbitraire de ce point de vue.

- DESIGNATION DES EMPEREURS (N) : Imperator, Caesar, Filiation, Nom, Augustus, Epithètes, etc.

- DIEUX ET DIVINITES (O) classés en DIEUX PRINCIPAUX (OA), ALLEGORIES ET PHENOMENES NATURELS (OB), ALLEGORIES MORALIA (OC), ALLEGORIES GEOGRAPHIQUES (OD), etc.

2. *Les relations*[8]

Les relations nécessaires sont de deux ordres et concernent :

- L'ordre linéaire du texte (qu'il est nécessaire de préserver en vue d'éditions et des questions portant justement sur des structures phraséologiques).

- Le contenu relationnel proprement dit du texte (relation de sujet à objet d'une action, de parenté, etc.).

d) Les règles d'indexation

Leur existence est rappelée ici pour mémoire, car il n'est naturellement pas possible d'entrer dans leur détail. Disons, en simplifiant, que les fonctions qu'elles doivent assurer consistent fondamentalement à fournir à l'analyste les moyens de réaliser *régulièrement* l'indexation du document en mettant en quelque sorte en regard son savoir, le document particulier auquel il est confronté, et le langage d'indexation dont il dispose. La segmentation et la caractérisation des segments du texte au moyen des termes du langage d'indexation définissent les deux aspects cruciaux de ce travail, comme nous l'avons déjà dit. Les règles régissant ces deux opérations doivent comme il advient aussi au niveau de la transcription, définir un « mode d'emploi » opératoire du langage d'indexation vis-à-vis des phénomènes susceptibles d'être rencontrés lors de l'analyse, sous peine d'ambiguïtés, et par conséquent de dysfonctionnement du système documentaire lui-même.

---

[8] Nous ne considérons ici que les relations « syntagmatiques », c'est-à-dire explicitement attestables entre des éléments de représentation (descripteurs, ou segments de textes transcrits); celles-ci se distinguent des relations « paradigmatiques », tout aussi explicites, mais prédéfinies au sein du lexique. Elles s'opposent globalement à toute la partie relationnelle du réseau conceptuel du spécialiste *non explicité au sein du système*. D'autre part nous n'évoquerons que le *contenu* de ces relations, et non leur expression, laquelle peut être fort variable (lien explicite sous forme d'un syntagme du type aRb, convention d'enregistrement, par exemple pour l'ordre mutuel des termes d'un texte, co-affectation de descripteurs à un même segment, etc.).

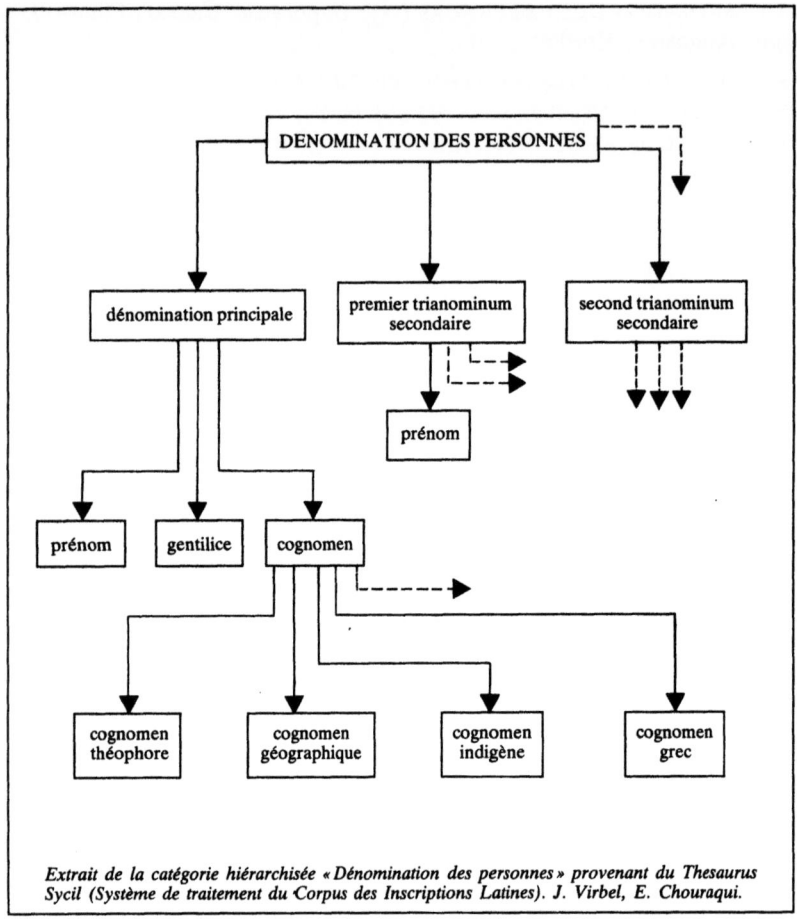

Extrait de la catégorie hiérarchisée « Dénomination des personnes » provenant du Thesaurus Sycil (Système de traitement du Corpus des Inscriptions Latines). J. Virbel, E. Chouraqui.

Relations entre les propriétés et les fonctions du système de représentation

Nous nous proposons de conclure cette étude par quelques remarques propres à éclairer les points les plus fondamentaux justifiant mutuellement, pensons-nous, la démarche suivie dans l'entreprise documentaire et le cadre méthodologique auquel elle se réfère. Nous organiserons ces remarques autour de deux pôles de réflexion, concernant le système de représentation (contenu, organisation, rôle) et les conditions de validation de la démarche suivie.

Le contenu, l'organisation et le rôle du système de représentation

Le contenu et l'organisation propres du système de représentation correspondent en dernière analyse aux conventions fixées pour représenter les informations issues de la classe particulière de textes, les inscriptions latines, informations sélectionnées et caractérisées de manière à ce qu'une procédure mécanique puisse ensuite créer, selon des opérations définies, divers documents (produits documentaires).

La définition du corpus

En ce qui concerne la *classe des textes concernés*, on peut signaler la situation suivante.

La plus grande difficulté existe à définir de manière stable les objets mêmes auxquels s'intéresse l'épigraphie latine. Les «inscriptions» en effet relèvent beaucoup plus d'une définition empirique liée à la pratique épigraphique (en ce sens est une inscription tout texte qui est traditionnellement incorporé dans le Corpus) que d'une définition explicite et stable. En particulier, ni les supports, ni le contenu, ni les types de personnages attestés, ni les auteurs, ni la finalité ne peuvent semble-t-il fournir les éléments d'une telle définition. De sorte qu'initialement on est conduit à mettre relativement entre parenthèses la nécessité de préciser quels sont les objets qui relèvent du corpus envisagé. En revanche, après l'examen des différents aspects informatifs pertinents des objets tenus pour des inscriptions, il est possible *en retour* de fixer (au moins provisoirement) une définition opératoire du corpus. Par exemple, la liste des matériaux recensés, ou celle des supports, ou certains éléments de contenu offrent à l'aide d'une combinaison de traits de ce type, une sorte de «seuil» en deçà ou au-delà duquel un objet est normalement tenu ou non pour une «inscription».

Délimitation de l'information pertinente

En ce qui concerne les informations retenues, c'est évidemment la projection des objectifs documentaires propres de la discipline épigraphique sur les textes qui préside fondamentalement aux choix effectués, aussi bien à propos de la réduction opérée sur le matériel que sur les modalités de représentation.

1. Cette situation nous semble particulièrement claire en ce qui concerne les dispositions prises à propos de la transcription des textes.

Comme nous l'avons vu, les conventions de rédaction suivies par les épigraphistes se réfèrent à plusieurs points de vue intervenant dans la détermination et le sens de ces conventions:

- La difficulté de lecture, que le texte soit tronqué, ou que les signes aient subi diverses injures. Une distinction est opérée entre ce qui reste identifiable, malgré des dommages, et ce qui n'est restituable qu'avec incertitude ou ne l'est pas. L'état de conservation interfère par conséquent avec la lisibilité, et cette dernière avec le niveau de certitude exigé.

- Le traitement de diverses abréviations et de symboles particuliers représentant des graphies plus développées.

- La marque de ces symboles (monogrammes, symboles abréviatifs non alphabétiques).

- Les séparateurs (points, dessins variables, passages à la ligne, etc.).

- Les irrégularités orthographiques (omissions, répétitions, confusions de lettres).

Comme on le voit, le premier point ci-dessus est lié à l'*histoire de l'objet*, et à sa conservation actuelle, tandis que les suivants sont liés aux habitudes et aux *pratiques mêmes des producteurs d'inscriptions*.

Ces conventions de présentation constituent fondamentalement un traitement de l'*incomplétude* et de la *symbolisation*.

Sur un plan général, il apparaît assez bien que le traitement de l'incomplétude peut consister soit à *signaler* un phénomène, sans le décrire (par exemple, une lettre est abîmée, mais reste identifiable; on signale qu'elle est abîmée, sans décrire cependant comment), soit au contraire à *signaler et à décrire*, selon des modalités fixées, un phénomène particulier (par exemple, l'existence d'une abréviation est signalée, et décrite par le développement du texte abrégé dans la transcription). Or rien ne prédispose «naturellement» les phénomènes de mutilation et d'abrégement à connaître tel ou tel type d'analyse; et ce n'est au contraire qu'un ensemble de décisions, justifiables vis-à-vis des impératifs de la recherche épigraphique, qui permet de fixer les termes de cette analyse.

Cet exemple est illustratif de la structure interne du système de représentation et de son rôle par rapport au savoir épigraphique. Toujours en ce qui concerne le cas d'une «lettre abîmée», il est clair qu'il est nécessaire qu'au moins empiriquement les épigraphistes soient d'accord pour définir une sorte de «seuil d'identification», ce qui peut poser des problèmes, par exemple, dans le cas de lettres graphiquement voisines, telles que B, P, R, ou E, F, etc.

De la même manière, on doit définir sur l'axe continu des écarts par rapport à la norme orthographique un seuil séparant les cas de fautes et ceux d'abréviations. Des *règles* d'analyse doivent par conséquent expliciter les usages habituellement suivis par les épigraphistes, usages qui sans doute circonscrivent un seuil empirique de reconnaissance des signes, et où l'entourage est appelé à jouer un rôle plus ou moins important. De la même manière on doit se mettre d'accord sur ce qu'est un «registre» dans une inscription, c'est-à-dire finalement indiquer explicitement selon quels critères on décide que l'on passe d'un texte à un texte différent sur le même support (différences de contenu, d'écriture, changement de face du support, marques formelles de séparation, etc.)[9].

2. Le même ordre de question intervient à propos du langage d'indexation. Les objectifs poursuivis imposent, par exemple, de reconnaître au sein des textes les mentions des empereurs romains. Or il apparaît à l'examen qu'*épigraphiquement*, la catégorie d'empereur est beaucoup trop macroscopique telle quelle, et que si l'on tient compte des types de questions documentaires qui peuvent la concerner, il est nécessaire de la décomposer en divers éléments constitutifs. On peut tout d'abord en reconnaître trois principaux: le nom de l'empereur, ses fonctions et titres, et les mentions résiduelles (résiduelles de ce point de vue). Chacune de ces classes peut encore faire l'objet de subdivisions; pour la première, par exemple, elle peut comporter, la filiation, et le nom, qui lui-même se décompose en prénom, gentilice, cognomen, etc.

De sorte que l'on est conduit, au moment de la constitution du système de représentation, à définir une sorte de schéma théorique de la désignation des empereurs romains, à partir duquel on peut ensuite observer et décrire les désignations effectivement attestées, puis rédiger divers produits documentaires sur la base d'une sélection et d'un classement des éléments du schéma[10].

---

[9] Il convient d'ailleurs de préciser que ces règles n'ont pas pour but de fixer définitivement une pratique épigraphique, ni de trancher parmi des usages divergents. Leur rôle consiste seulement à fixer des conventions, qui seront respectées lors de l'analyse, et sur lesquelles on peut par conséquent s'appuyer lors de la consultation documentaire.
[10] Ce qui vient d'être dit des empereurs, pour l'analyse et la représentation desquels nous avons reconnu la nécessité d'un schéma théorique de désignation suggère que le même type de schéma, en tant que référence organisée, pourrait être nécessaire, ou du moins fort utile pour d'autres éléments lexico-conceptuels des inscriptions, voire pour des classes restreintes d'inscriptions *dans leur ensemble*. Ce problème ne peut être résolu qu'empiriquement, la solution dépendant visiblement d'un certain rapport entre les *objectifs* de la recherche épigraphique et un *état donné de ses connaissances* à propos du matériel épigraphique. Il est évident, par exemple, que si l'on possédait un modèle des inscriptions funéraires (ou d'une classe particulière de celles-ci), l'ensemble des

A propos des aspects linguistiques

Les modalités selons lesquelles ont été prises en compte les propriétés linguistiques des textes épigraphiques nous semblent aussi particulièrement illustratives. Elles méritent un commentaire particulier, car elles éclairent un point méthodologique important (Virbel, 1973). Quatre remarques nous semblent devoir être faites à ce propos :

1. Tout d'abord, les choix qui ont été faits résultent d'une pondération initiale apportée aux différents points de vue, provenant de disciplines différentes pouvant intervenir dans l'analyse des données épigraphiques. Diverses raisons ont en effet conduit à centrer cette analyse par rapport aux disciplines historiques (archéologie, histoire romaine), et à envisager par conséquent les différents aspects des objets par rapport à cette focalisation. De sorte que non seulement le système en question ne vise pas la totalité du domaine latin (LE latin), mais au contraire, ce n'est que *par rapport aux impératifs de la recherche archéologique et historique* projetés sur le matériel épigraphique que les propriétés linguistiques ont été examinées.

2. Ceci posé, on a donc opéré un choix parmi les segmentations (en radicaux, désinences, mots, propositions, etc.), et catégorisations (catégories grammaticales, cas et fonctions, genre, nombre, temps, personnes, etc.) qui pourraient être effectuées sur les textes d'un point de vue linguistique.

Par exemple, la *morphologie* latine est traitée formellement au sein du système, mais elle n'est pas *interprétée* (en termes de cas, genre, nombre, etc.), dans la mesure où l'on a besoin de connaître les différentes variantes d'un même lexème, mais où la signification morphosyntaxique de ces variantes *ne correspond pas*, dans le domaine épigraphique et *pour la visée choisie, à des demandes d'informations autonomes*.

Pour les mêmes raisons, seules certaines segmentations (en radicaux et désinences, mots et phrases) ont été prises en considération. On peut observer cependant que d'autres segmentations, ne provenant pas directement d'une procédure linguistique, sont en revanche nécessaires — comme, par exemple, celle qui est opérée par les passages à la ligne ou celle que projette le lexique du langage d'indexation sur le contenu des textes.

---

problèmes de représentation se poserait dans un contexte différent. Il convient de remarquer néanmoins que certains des produits documentaires peuvent constituer la matière première d'une étude de ce type.

On peut constater de plus que ces caractérisations interviennent de manière diversifiée dans le fonctionnement du système documentaire. Ainsi la segmentation en mots en nécessaire pour la composition des versions I et C, mais elle est ignorée pour la version B; à l'inverse, la segmentation en lignes est attestée pour les versions B et I, et supprimée pour la version C.

3. De plus, non seulement les spécificités reconnues du domaine et de la visée propres délimitent l'étendue de la prise en compte des propriétés linguistiques, et fixent leur pertinence, mais encore elles définissent les modalités de leur expression au sein du système de représentation. Par exemple, les erreurs orthographiques sont *signalées* et *décrites* lors de la transcription, en termes de lettres répétées en trop, manquantes restituées, ou substituées, et *caractérisées*, lors de l'indexation, dans les termes du chapitre FAITS de LANGUE; selon le cas : CONSONNE SIMPLE POUR DOUBLE, ABSENCE DE CONSONNE FINALE, ERREUR DE DECLINAISON, ANOMALIE DE RECTION DE CAS DE PREPOSITIONS, etc.

Là encore, ce n'est que l'examen des éléments entrant en jeu dans le système de représentation qui définit un choix de cet ordre, ou de tout autre jugé plus pertinent pour le propos recherché.

4. Il nous semble nécessaire de signaler ici pour mémoire seulement un autre aspect de la démarche décrite, aspect que l'on pourra si l'on veut appeler linguistique, dans un sens particulier du terme. Certains exemples antérieurs nous ont permis d'apprécier que si la contruction du système documentaire ne va pas sans tout un ensemble de décisions concernant ses propriétés de tous ordres, un moment particulièrement important du travail sous-jacent à ces décisions concerne les mises au point visant la *terminologie propre* du domaine considéré, et à travers celle-ci, les concepts et les opérations épigraphiques (et les relations qu'ils entretiennent avec les objets concernés). Rappelons simplement ce que nous avons dit à propos de la «mutilation» d'une lettre, de la définition d'une «inscription» ou d'un «registre» ou de celle d'un «empereur romain». Cette élucidation systématique du réseau conceptuel sous-jacent au travail épigraphique, qui peut être abordé par l'examen du champ lexico-sémantique des spécialistes, est absolument nécessaire pour obtenir la stabilité voulue des représentations.

Problèmes liés à la validation de la démarche et des résultats

Dans le cadre d'un système documentaire, où l'opération fondamentale consiste finalement à retrouver, en fonction de divers tris, des informations préalablement enregistrées, les procédures de validation de la démarche suivie et des résultats obtenus nous semblent pouvoir être définies à deux niveaux.

a) A un premier niveau, il s'agit de vérifier la cohérence interne du système de traitement de l'information. C'est la *stabilité des représentations obtenues* au terme de l'analyse documentaire, et la *pertinence des produits documentaires obtenus* qui fournissent ici un critère, expérimental, de jugement. Nous n'insisterons pas sur ces aspects, car il est assez évident que la réussite à ces deux types de tests est une condition indispensable.

b) A un second niveau, il s'agit de vérifier d'adéquation entre l'ensemble des dispositions prises en vue de réaliser le système documentaire et les objectifs scientifiques de la discipline considérée. En principe, comme nous l'avons précisé, l'examen des objectifs initialement visés lors de la construction d'une chaîne de traitement de l'information constitue une phrase cruciale de cette construction. Et nous avons décrit l'ensemble de la construction au système comme une sorte de traduction de ces objectifs sous la forme de propriétés données au système. Cependant, dans cette «traduction», les objectifs préalablement reconnus sont loin de rester intacts et immuables. Non seulement l'épigraphie possède son rythme propre de développement, et peut sans doute connaître comme beaucoup de sciences et disciplines historiques des évolutions ou des mutations quant à ses objectifs, son objet, ses modes de raisonnement, etc. sans que l'on ait aucune garantie particulière que les objectifs fixés, à une époque donnée, pour un système de traitement de l'information, ne soient pas tenus ultérieurement pour restrictifs, voire caducs partiellement. Mais surtout, le recours à l'informatique pour le traitement de l'information peut lui-même introduire des dimensions nouvelles pour les objectifs d'abord envisagés.

D'une part les capacités de calcul des ordinateurs (au sens le plus général du terme, qu'il s'agisse de tris et de comparaisons, ou de calculs d'ordre numérique ou logique), peuvent suggérer certaines recherches peu envisageables, sinon concevables, autrement. Ce contexte peut se manifester tout particulièrement dans un domaine comme l'épigraphie latine qui s'appuie sur longue tradition documentaire où les indices du CIL constituent en définitive un cas très particulier d'extraction et de tabulation de textes, et où le travail d'analyse nécessaire à leur fabrication mécanique permet d'envisager de constituer bien d'autres tabulations. Il semble que la conception qui a présidé à la constitution du CIL, dans la seconde moitié du XIXe siècle, a joué implicitement un certain rôle dans la définition même du travail scientifique de l'épigraphie. A partir du moment où les objectifs initialement fixés induisent la possibilité d'engendrer des indices beaucoup plus diversifiés, on conçoit que ces objectifs eux-mêmes peuvent subir en retour des modifications, et imposent à terme de nouvelles tâches à un système de traitement de l'information.

D'autre part, la formalisation de l'analyse provoque certainement un effet propre, dont les retentissements ne sont pas nécessairement perceptibles dans l'immédiat. Nous avons indiqué à propos de plusieurs problèmes comment la nécessité de formaliser l'analyse, qui est imposée initialement par le projet de mécaniser certaines phases de la documentation, réfléchit en quelque sorte un ensemble de questions vers le matériel en cause, et à travers lui, vers l'épigraphiste.

La construction d'une chaîne de traitement de l'information, et plus généralement le recours à l'informatique à propos d'un matériel scientifique particulier, suppose qu'existe un certain accord entre les spécialistes de ce domaine, accord concernant plus particulièrement les *objets* étudiés et les *propriétés* recélées par ces objets. Moins visiblement, mais tout aussi impérieusement, cet accord doit porter sur les modes d'exploitation scientifique de ce matériau. Dans le travail relatif à la connaissance et à la fixation de cet accord entre spécialistes — travail qui à tous égards nous paraît scientifique —, un certain nombre de problèmes de méthode doivent nécessairement être abordés, et surtout recevoir une solution explicite. Le travail d'interprétation à quoi revient l'analyse des documents et l'établissement des données recouvre, comme il est naturel, des opérations extrêmement variées; ces opérations doivent recevoir une définition explicite au moins jusqu'au point où leur application atteint une stabilité suffisante (Hempel, 1948).

De sorte que l'*utilisation réfléchie* des moyens que l'informatique rend disponibles débouche sur des préoccupations qui par nature sont d'ordre méthodologique, et concernent fondamentalement la nature du raisonnement et de ses opérations, dans le contexte d'une évolution vers un statut moins empirique. Ces préoccupations sont en définitive, nous semble-t-il, constitutives de l'attitude scientifique elle-même. Si le recours aux moyens offerts par l'informatique, tout particulièrement en ce qui concerne les données textuelles, suppose que certaines conditions soient remplies, ce recours peut créer en retour des conditions nouvelles de réflexion sur les méthodes et les objectifs scientifiques proprement dits, si du moins on a reconnu tout ce que peut avoir de néfaste la dissociation entre l'outillage informatique et le contexte intellectuel de son utilisation.

Chapitre 2
Compléments à la théorie du conte de V.J. Propp

> *Non si può scindere l'indagine formale da quella storica né contrapporla ad essa. E vero l'opposto: l'analisi formale, la precisa descrizione sistematica del materiale oggetto di studio sono condizione e premessa della ricerca storica e ne rappresentano al tempo stesso il primo passo.*
>
> V.J. Propp. *Struttura e storia nello studio della favola*, 1966.

1.1. Qu'il n'y ait pas de théorie formalisée du texte relève de la simple évidence. On voit mal en effet ce que pourrait être une construction scientifique rigoureuse qui prétendrait embrasser la totalité du discours, sous ses aspects syntaxique, sémantique, stylistique, pragmatique... mais les réductions indispensables à l'élaboration progressive d'un cadre théorique sont certainement liées elles-mêmes au respect d'un certain nombre de conditions qui assurent leur bien-fondé méthodologique et opératoire (voir à ce propos *« Procédures d'analyse et méthodes de validation »*). Cette étude se propose de montrer, à travers un exemple, la nature et les limites de certains parallèles repérables entre analyse de texte et analyse linguistique lorsque trois types de réductions circonscrivent pour les textes le domaine et les conditions de validité du modèle.

a) La classe des textes

Que ce soit par référence à des critères formels explicites ou d'après un savoir empirique (qui est ainsi mis à l'épreuve), la première réduction du champ opératoire a pour objet de définir un corpus de textes liés par des caractéristiques bien définies.

Il n'est évidemment pas nécessaire de retenir ni même de disposer de tous les textes appartenant à la classe définie. Il suffit de soumettre à l'analyse un corpus jugé représentatif. L'adjonction de nouveaux «objets» de la même classe peut jouer un rôle essentiel dans le test des modèles obtenus à partir de l'échantillon initial.

b) La finalité de l'analyse

Il est malaisé d'imaginer ce que serait une analyse dont la finalité n'aurait été définie; c'est pourtant le cas de la plupart des «théories» du texte. Nous adopterons quant à nous une démarche plus circonspecte. Pour une classe déterminée de textes, une hypothèse n'aura de sens que pour autant que l'on puisse isoler certains aspects de ces textes à partir desquels l'hypothèse sera logiquement et opératoirement examinable. Ce deuxième type de réduction s'exprime concrètement par la définition et la mise en œuvre d'un *système de représentation* (op. cit.).

c) La mise à l'épreuve du modèle

Les résultats formels d'une analyse ne peuvent acquérir de véritable statut cognitif s'ils n'ont été soumis à une mise à l'épreuve dont les modalités sont évidemment liées à la situation particulière de l'étude. Ces situations sont de deux types: ou bien l'analyse des textes renvoie uniquement aux textes eux-mêmes (sous d'autres aspects, pour des corpus variables, etc.), ou bien elle se développe en faisant référence à des phénomènes externes avec lesquels l'analyse tente précisément d'établir un rapport (c'est le cas lorsque le texte est mis par exemple au service des sciences sociales). Dans le deuxième cas, la mise à l'épreuve de l'hypothèse qui fonde l'analyse s'effectue par la confrontation de l'«ordre» structurel construit sur les textes à partir de l'hypothèse, avec l'«ordre» des phénomènes externes, observable le cas échéant de manière empirique.

La classe des textes, les corpus qui seront successivement pris en considération, les aspects sur lesquels portera l'analyse, les données extrinsèques qui seront éventuellement mobilisées... autant d'éléments préliminaires qui devront faire l'objet de définitions précises avant même que puisse être sérieusement conjecturé l'éventuel rapport de l'analyse de texte à l'analyse linguistique.

Les recherches de Vladimir J. Propp sur le conte populaire merveilleux (CPM) vérifient ces conditions préalables. Elles offrent selon nous l'un des exemples les plus remarquables où l'analyse formelle du texte se trouve mise au service d'une visée cognitive qui dépasse le texte lui-même (sur la partie de l'œuvre de Propp à laquelle nous nous référons, voir Bibliographie). Par ailleurs, la nature profonde de son travail, telle que la restitue un examen attentif, se prête remarquablement à une comparaison systématique entre les démarches de l'analyse linguistique et celles qui sont mises en jeu dans une expérience particulièrement cohérente d'analyse formelle de textes.

I.2. Pourquoi une analyse de l'œuvre de V.J. Propp?

- Parce que la construction formelle sur les textes y est liée à la visée anthropologique par une nécessité logique qui fonde la cohérence de l'ensemble. Néanmoins, cette cohérence ne peut être perçue par un examen qui se limiterait à la seule *«Morphologie»*; *«Les Transformations»* complètent l'exposé de la méthode, que Propp met en œuvre par exemple dans *«La Radici Storiche»*. L'ensemble est indissociable.

- La quantité et la diversité des matériaux accessibles pour la mise en œuvre d'une analyse (voir Bibliographie).

- Le retentissement de ses travaux, les interprétations et les applications diverses auxquelles ils ont donné lieu; notre désaccord avec la plupart des exégèses qui en ont été faites, si l'on excepte pour l'essentiel celles de Dundes (1964) et de Régnier (1974 a et b).

I.3. Nos objectifs sur l'œuvre de Propp

- Isoler et définir les divers éléments — logiques, opératoires... — caractéristiques de sa démarche, ceci sur un ensemble de travaux qui ne soit pas un découpage sans signification de son œuvre (ce que serait une analyse limitée à la *«Morphologie»* par exemple).

- A cette fin, mettre en évidence les éventuels éléments implicites agissant dans ces recherches.

- Tenter de regrouper les éléments individuels en une organisation générale susceptible de mieux mettre en lumière la cohérence du travail de Propp et ses éventuelles lacunes; de conduire par conséquent à une meilleure compréhension.

- Par là, essayer de circonscrire quelques-unes des questions que soulève la nature même du texte lorsqu'il est envisagé dans sa fonction de matériau historique. Plus précisément:

- Contribuer à définir quelques-uns des problèmes qui se posent lorsque l'analyse de texte est finalisée par un projet scientifique extérieur aux textes eux-mêmes: anthropologie, histoire, etc.
- Signaler en retour certaines des conditions méthodologiques auxquelles anthropologues, historiens... doivent satisfaire dans leur rapport aux corpus de textes s'ils entendent donner aux résultats un statut scientifique plus affirmé.

II. Linéaments de l'analyse du travail de Propp sur le «conte populaire merveilleux» (CPM)

II.1. L'objectif fondamental de Propp

L'hypothèse centrale de Propp, qui fonde l'ensemble de son œuvre, concerne l'origine commune de la presque totalité des «contes populaires merveilleux» (CPM), origine qui serait à trouver dans l'union de deux «cycles» fondamentaux: le cycle de l'initiation, le cycle de la représentation de la mort (*Radici Storiche...*, p. 566). De ce lien génétique témoignerait, à travers les transformations que les conditions historiques ont imprimées sur le matériau même du CPM, l'unicité structurelle du genre. C'est donc à fonder cette unicité que Propp va d'abord s'employer en mettant à jour les ressemblances repérables sur l'ensemble des CPM par-delà leur diversité apparemment infinie.

II.2. Nécessité d'un système de représentation

Ceci exige que l'on puisse rapporter chaque conte à un système de référence commun, tel qu'à travers lui tout CPM puisse être mis en correspondance *régulière* avec tout autre. Nous appelons *système de représentation* (S.R.) le dispositif qui permet d'obtenir de chaque conte une représentation qui est certes une réduction, mais régulière[1], donc apte à servir de base à des mises en relation systématiques qui pourront par conséquent être univoques (du fait de la régularité). De plus, la représentation de chaque conte est suffisamment analytique pour se

---

[1] Indiquons dès à présent que l'obtention d'une telle régularité peut être envisagée de deux manières différentes: sur la base d'un système complètement explicite de mise en correspondance, tel que sa connaissance permette à tout opérateur d'effectuer correctement l'opération; ou, lorsque cette situation d'explicitation n'a pu être obtenue, par le recours à la connaissance empirique et au consensus d'un groupe de spécialistes. Il ne s'agira plus tellement alors de régularité que de stabilité. Des tests doivent naturellement être alors prévus pour la contrôler. Le statut des résultats finals ne sera pas non plus le même.

prêter aux « calculs » qui seront nécessaires pour la vérification de l'hypothèse.

II.3. *Conte, texte du conte, récit, récit réduit*

Cette hypotèse, cependant, n'est pas traitée sur le conte, ni même sur le texte du conte proprement dit. L'objet qui est effectivement analysé, celui sur lequel devraient en toute rigueur porter les conclusions de l'analyse est ce que Propp nomme le *« récit »*.

Le texte est la transcription (en russe, ou dans toute autre langue des traductions successives) d'un conte dont n'ont pas été retenues les conditions d'énonciation. C'est pour Propp l'objet fondamental de l'étude, sous la forme où il a été consigné dans les recueils établis par les folkloristes (Aarne, 1910; Afanassiev, 1887). Cette distinction importante que Propp ne relève pas devrait se répercuter sur les dimensions ethnologiques et historiques de l'étude. Nous nous contentons de la signaler, pour nous attacher plus précisément à restituer le travail effectif, explicite ou implicite, de Propp. Le conte et le texte du conte seront confondus dans la suite de cette analyse.

Le texte est un conte particulier dans toutes ses spécificités, telles qu'elles peuvent se manifester au niveau de l'*expression*. Le récit est le résultat d'un processus d'abstraction à partir du texte : il représente sa réduction au plan du *contenu*. Le *récit réduit* s'obtient à partir du récit par la sélection des seuls éléments relatifs au déroulement de l'*action*.

C'est à partir de l'ensemble des récits réduits, et à leur propos, que vont être définis le premier système de représentation (S.R.1.) et le premier modèle (modèle 1) ou *modèle de composition*.

II.4. *Premier système de représentation et modèle de composition*

Les unités de S.R.1. sont définies par Propp comme les « fonctions », c'est-à-dire les « actions des personnages définies du point de vue de leur portée significative dans le déroulement du récit ». Ces fonctions sont au nombre de trente et une. Elles permettent d'obtenir une représentation de chacun des récits réduits (et dans une certaine mesure des contes eux-mêmes), de telle façon que des « calculs » conduits sur ces représentations permettent de définir une « structure générale du CPM ». Cette structure générale constitue en fait le modèle de composition du récit réduit. Dans la perspective de l'œuvre ethnologique de Propp, la fonction réelle de ce premier modèle est de fonder l'*unicité* du genre dit CPM.

II.5. Deuxième système de représentation et modèle de transformation

C'est maintenant le récit lui-même qui est l'objet de l'analyse, c'est-à-dire un texte plus complexe, plus proche de la réalité empirique du texte réel.

Le deuxième système de représentation (S.R.2.) comprend non seulement les unités de S.R.1. — les fonctions — mais aussi les éléments qui spécifient les modalités des fonctions: personnages, motivations, circonstances, etc...

Le modèle 2 n'est cependant pas une extension du précédent. En effet, Propp articule sur l'axe «syntagmatique» du modèle de composition un axe «paradigmatique» selon lequel il étudie les transformations de certaines «parties constitutives du conte» (en fait, du récit) formées soit d'éléments de S.R.2. pris individuellement, soit de sous-ensembles de S.R.2. A partir de ce moment, Propp examine sur l'ensemble des récits, du point de vue sémantique et formel, les variantes de chacune des parties constitutives.

Le résultat de cette analyse pourrait s'exprimer par des classes de règles rendant compte du passage de telle variante à telle autre, pour une partie constitutive donnée. A partir d'une forme fondamentale, les «règles de transformation» associent le passage aux formes dérivées à des facteurs externes: chronologiques, ethnologiques, historiques, etc.

Le modèle de transformation rend intelligible les avatars du CPM. Il constitue l'instrument opératoire des recherches anthropologiques de Propp.

II.6. - 1. Remarque sur la fonction de chacun de ces modèles dans l'œuvre de Propp

Le modèle de composition permet de voir si un conte possède ou non les traits distinctifs du CPM. Il *définit* le corpus des CPM. De ce fait, il constitue un résultat préliminaire nécessaire pour fonder l'analyse anthropologique à venir.

Le modèle de transformation permet d'effectuer cette analyse. Dans la limite où ses éléments constitutifs sont réellement définis, il assure à la relation entre construction théorique et réalité empirique une cohérence dont les sciences sociales offrent peu d'exemples.

2. Remarque sur la part de l'explicite et de l'implicite dans l'œuvre de Propp

Si la construction du modèle de composition n'est pas complètement explicitée, du moins est-il complètement défini : sa nature, ses règles de fonctionnement, sont entièrement accessibles au lecteur de la *Morphologie*.

Il n'en va pas de même pour le modèle de transformation dont seules les unités, les «parties constitutives», font l'objet d'une définition. Les règles sont présentées de manière beaucoup plus floue, en particulier par recours à des exemples (voir *Les Transformations*). Les *Radici Storiche* présentent cependant la mise en œuvre de la méthode.

Pour ce qui est du travail sur le texte, qu'il s'agisse des problèmes de passage du texte à ses différents niveaux de réduction et d'abstraction, ou du passage de l'un de ces niveaux à ses représentations conventionnelles en termes de S.R.1. ou S.R.2., il n'a d'autre fondement que ce que l'on pourrait appeler la pratique empirique du spécialiste.

Cette approche est évidemment opposée à celles, en apparence plus ambitieuses sinon plus rigoureuses, qui fondent les différentes «grammaires de texte». Son statut véritable ne peut être défini que par référence aux objectifs de Propp et à l'œuvre dans son ensemble.

III. Le modèle de composition (Modèle I)

III.1. Du texte au schéma de récit réduit

L'exemple ci-dessous illustre l'importance de la réduction et de la conceptualisation subie par le conte avant toute élaboration du premier système de représentation.

Texte :   Alors arrivèrent des cygnes, qui s'emparèrent du petit garçon et l'emportèrent sur leurs ailes.

Récit :   Des cygnes s'emparent du petit garçon en l'emportant sur leurs ailes.

Récit réduit : Des cygnes enlèvent le petit garçon.

Le passage du *texte* du conte au *récit* retient le contenu narratif, abstraction faite des moyens linguistiques mis en œuvre pour l'exprimer. Les effets stylistiques sont évacués. Il représente un premier pas dans le processus de conceptualisation.

Le récit réduit s'obtient à partir du récit par élimination de tous les éléments qui ne se rapportent pas directement au déroulement de l'action.

Le passage du récit réduit à ce que nous avons appelé le *«schéma de récit réduit»* constitue en fait la première étape dans l'obtention de la représentation proprement dite. Pour l'exemple ci-dessus, le schéma de récit réduit serait: l'antagoniste enlève quelqu'un de la famille. (Dans un autre conte par exemple, cette expression représenterait le segment: le dragon enlève la fille du roi).

Cette étape est caractérisée par le fait que les actions sont portées à un niveau plus générique, que les personnages perdent leur identité pour se ranger dans les catégories générales définies par rapport à l'ensemble du matériel.

Ces transformations successives ne s'effectuent évidemment pas selon des règles explicites.

Les problèmes importants que soulève en particulier le passage du récit réduit à son schéma sont évoqués plus loin (§ III.4.).

Le tableau ci-après résume les différentes étapes du traitement du texte.

Types d'opérations mises en jeu	Etats successifs	Unités constitutives
	représentation finale	«fonctions»
abstraction	↑	
	schéma du récit réduit	«modes d'actions»
abstraction	↑	
	récit réduit	actions + protagonistes
réduction	↑	
	récit	actions, personnages, attributs, motivations
contraction: { réduction + abstraction	↑	
Initialisation	texte	texte réel du conte (recueils)

III.2. Les unités du premier système de représentation (S.R.1.)

Le schéma du récit réduit est formé d'une séquence d'expressions telles que «l'antagoniste enlève quelqu'un». Ces expressions sont des «modes d'action».

Sur l'ensemble des schémas de récits réduits, les modes d'action peuvent être regroupés en classes d'équivalence selon les «fonctions» déjà mentionnées (§ II.4).

S.R.1. comprend donc deux types d'unités : au niveau le plus abstrait, les fonctions (31 en tout); chacune regroupe un certain nombre de modes d'action.

III.3. Relations entre unités du S.R.1.

Il s'agit de relations qui se déduisent immédiatement de la définition des unités, qu'il convient donc de distinguer de celles qui apparaîtront au niveau structurel (modèle de composition).

1. Relations entre modes d'action, liées à leur sémantisme.
2. Une relation d'ordre définie a priori sur l'ensemble des fonctions et qui, selon Propp, est «dictée par les contes eux-mêmes» (*Morphologie*, p. 45). Cette relation d'ordre joue un rôle essentiel dans le passage du récit réduit à son schéma. Le problème logique qu'elle pose sera discuté plus loin (remarque 2, § III.4.).

III.4. Construction et mise en œuvre du S.R.1.

Trois opérations sont effectuées :

- *segmentation*, (pour mémoire) : isole dans le récit les parties relatives au seul déroulement de l'action (récit réduit);
- *identification* : interprète chacun de ces segments en termes de modes d'action. L'interprétation peut être obtenue sans ambiguïté. *Dans le cas contraire, c'est par rapport aux fonctions situées à sa gauche et/ou à sa droite que le segment est interprété*;
- *classification* : regroupe les modes d'action sous une même fonction.

Ces deux dernières opérations reposent elles-mêmes sur des opérations élémentaires de *combinaison* pour l'identification, de *commutation* pour la classification.

La construction du S.R.1. s'effectue progressivement sur un premier ensemble de contes. Lorsque la liste de fonctions a été reconnue et définie et que chacune des classes de modes d'action est devenue stable, la construction de S.R.1. est acquise.

Les textes de cent contes du recueil d'Afanassiev (n° 50 à 151) ont paru suffisants à Propp.

Remarques à propos de la construction du S.R.1.

1. Sur les problèmes linguistiques

Aucune règle explicite ne permet de passer du texte au récit réduit, pas plus que l'inverse. C'est à ce point que se trouve la difficulté majeure de toute analyse de texte dans la perspective de la construction de modèles formels. En effet, les segments du texte qui peuvent exprimer une action ne sont pas formellement homogènes; ils peuvent déborder le cadre de la proposition et même de la phrase. De telles unités ne peuvent être interprétées que de manière contextuelle (« on ne mange jamais que du froment » interprété comme: « réaction négative du héros », *Morphologie*, p. 165).

La réduction et l'abstraction intuitives de Propp constituent des partis raisonnables pour autant:

1. qu'elles reposent sur une connaissance empirique approfondie du matériel, confrontée si possible au contrôle d'autres opérateurs;

2. que la problématique qui sollicite l'analyse du matériel soit bien définie et que l'analyse soit donc finalisée aussi précisément que possible;

3. que les développements ultérieurs du raisonnement ménagent des possibilités de vérification du bien-fondé d'une telle pratique par rapport aux objectifs visés.

2. Sur les aspects logiques du rôle de la séquence préétablie des fonctions

Cet ordre, selon Propp, est « dicté par les contes eux-mêmes », ce qui peut seulement signifier qu'il est repérable dans l'examen préalable des contes, au niveau de connaissance pré-systématique d'où part le chercheur. Il constitue donc l'une des hypothèses que l'étude devra s'efforcer de vérifier.

Or, la séquence ainsi définie joue un rôle déterminant dans l'interprétation des segments narratifs en termes de modes d'action, c'est-à-dire dans l'établissement de la séquence particulière de fonctions qui va représenter chaque conte. Dans nombre de cas, l'ordre défini a priori fixe pour les segments narratifs des interprétations qui pourraient difficilement se justifier autrement. Il n'est donc pas impossible que le moule préétabli «force» la signification, avec le risque de circularité que cela implique. Il y aurait là un vice de raisonnement qui, compte tenu du rôle ultérieur des représentations des contes, affecterait l'ensemble de l'œuvre. En fait, bien que Propp ne fasse guère allusion à ce problème, deux types de vérification pourraient être envisagés pour juger de la validité de cette phase de sa construction :

a) Une vérification directe, par le recours à de nouveaux contes classés dans les recueils comme CMP, pour juger empiriquement de la stabilité de la séquence et de sa capacité à assurer sans «contradictions» le passage aux représentations.

b) Une vérification indirecte, à travers la validation du modèle I que la séquence préétablie va contribuer à définir.

III.5. *Première phase de la construction du modèle I : définition et articulation des mouvements*

L'examen de l'ensemble des représentations permet de repérer régularités, invariances... plus généralement les relations structurelles qui organisent les représentations.

Propp repère d'abord dans chaque représentation une ou plusieurs suites de fonctions, formant des unités narratives, qu'il appelle «mouvements».

Définition des mouvements

a) Toute fonction «malfaisance» (X) ou «manque» (x) signale la présence d'un mouvement.

b) Après avoir repéré X ou x, remonter au début du mouvement en incluant d'éventuelles fonctions préparatoires que le sémantisme des modes d'action permet de rattacher à X ou x. Le mouvement se termine par des fonctions (N, Z, E,...) qui marquent le dénouement et que leur interprétation associe aussi à X ou x.

Mode d'articulation

Propp définit six modes d'articulation entre mouvements (*Morphologie*, pp. 157-160) : succession, enchâssement, double enchâssement, malfaisance initiale commune, finale commune, point de disjonction et finale commun. Ces termes sont précisés dans l'ouvrage cité.

Deux remarques :

a) *Sur le rattachement des fonctions préparatoires et de dénouement à X ou x.*

Sollicitant le sémantisme de la fonction, il doit recourir au mode d'action, voire au segment correspondant du récit réduit. Ce fait ne nous semble pas soulever de problèmes dans le cours de la construction.

b) Sur les rapports entre conte et mouvement

Le problème vient de ce qu'à un même texte peut ne pas correspondre, du point de vue folklorique, un seul conte. Sauf dans certains cas où l'articulation entre mouvements forme nécessairement un conte unique, Propp ne sait pas, en général, reconnaître dans un ensemble articulé de mouvements, l'existence de un ou de plusieurs contes.

III.6. *Le modèle de composition*

1. Compte tenu de la possibilité de reconnaître chacun des mouvements d'une représentation, et de l'impossibilité, en général, de recomposer ces mouvements en contes, l'unité dont Propp va tenter de construire le modèle de composition sera le mouvement lui-même.

2. Le modèle de composition est défini par:

- une forme minimale: X ou x;

- des relations entre paires: implication réciproque, implication simple, exclusion...;

- des relations entre sous-ensembles de fonctions.

Ce modèle est présenté en détail dans *Morphologie*, pp. 157-187.

III.7. *Validation du modèle de composition*

Nous avons déjà indiqué l'essentiel de ce qui sépare le projet scientifique de Propp des opérations auxquelles il se livre effectivement et des résultats auxquels il aboutit, à travers l'analyse de la partie de son œuvre qui conduit au modèle I (il n'est pas possible de mentionner ici la part de ce qui est implicite chez Propp, qu'il s'agisse des différentes opérations ou de l'articulation logique du raisonnement).

Les principaux problèmes sont de type linguistique, dans le passage du texte au récit, puis au récit réduit, en l'absence de toute théorie linguistique susceptible de fonder ces opérations (§ III.4., remarque 1); de type logique aussi comme il est naturel dans une démarche complexe. Pour ce dernier problème, nous avons déjà mentionné le risque de circularité inhérent à la définition préalable de la séquence des fonctions, ainsi que les moyens éventuels de le déceler (§ III.4., remarque 2).

Une manière simple de tester le modèle de composition consiste à analyser tout conte classé par Aarne ou Afanassiev comme CPM et n'appartenant pas au groupe des cent contes qui ont servi à construire le modèle. Nous ne discuterons pas ici des problèmes considérables inhérents à ce type de démarche et en particulier de la portée significative de ce genre de test.

III.8. Rôle du modèle de composition dans l'étude du CPM

La validation du modèle, si elle est acquise, peut être considérée comme la preuve du bien-fondé de l'hypothèse de Propp sur l'unicité structurelle du CPM (ou plus exactement de sa représentation). Comme nous l'avons signalé, il constitue une définition du genre CPM qui permet de décider selon des critères structurels de l'appartenance ou non de tout conte (ces critères sont à confronter aux critères extérieurs que constituent les classifications traditionnelles, comme celles d'Aarne ou d'Afanassiev). Définissant le corpus, le modèle délimite le domaine de validité de la théorie du CPM (ou de sa représentation).

Il faut ajouter que le modèle peut également être envisagé comme un dispositif de génération de représentations de CPM. Par ce biais, et à supposer que le passage des fonctions ou des modes d'action au récit et au texte puisse être obtenu d'une manière inverse à celle mise en œuvre au début de l'expérience, il serait possible de produire des contes ayant les traits structurels du CPM. Seraient-ils reconnus comme tels par les folkloristes, voire par les communautés russes d'où sont issus les matériaux étudiés? Il y aurait là une autre manière de valider le modèle de composition!

IV. Le modèle de transformation (Modèle 2)

IV.1. Rappel des objectifs du modèle de transformation

Nous avons déjà signalé (§ II.5.) la nature et le rôle du deuxième système de représentation et du modèle de transformation.

- C'est le récit et non le récit réduit qui est maintenant l'objet de l'analyse, i.e. un texte plus proche de la réalité empirique du texte réel du conte.

- C'est sur le récit que Propp étudie les contes du point de vue historique et anthropologique à travers leurs différences et leurs variations. Mais au lieu d'étudier ces variations de récit à récit pris comme un tout, il les étudie pour chacune des *parties constitutives* du récit. Il faut donc définir dans un premier temps ce que sont ces parties constitutives du récit.

- Le modèle de transformation représente l'instrument effectif pour l'examen de son hypothèse fondamentale sur l'origine commune des CPM.

- Mais la réalisation de ce projet — l'utilisation du modèle de transformation sur le matériau du CPM — n'aura lieu que dix-huit ans plus tard (1946: publication des *Racines Historiques*).

- Rappelons enfin que pour l'essentiel, la description de ce modèle 2, ébauchée dans *Morphologie*, se trouve exposée dans *Transformations*.

IV.2. La grille de description du récit
(deuxième système de représentation) comme instrument
de la segmentation du récit

Les options méthodologiques de Propp imposent de pouvoir segmenter le récit en «parties constitutives». L'instrument de cette segmentation sera la grille de description. Cette grille est forgée à partir des trente et une fonctions du modèle 1. Se déplaçant sur les divers niveaux d'abstraction — celui de la fonction étant le plus élevé — on descend de la fonction au mode d'action, puis à l'action concrète. Lorsqu'on revient à l'action concrète, on retrouve à ce niveau des éléments du récit qui se rapportent à cette action (mais qui avaient été volontairement exclus comme tels du premier système de représentation): la spécification des personnages, de leur aspect, de leurs attributs, etc... Si l'on explore le contexte de cette action, on trouve donc des éléments sémantiquement liés qui peuvent être à leur tour définis en termes de classes et former avec la fonction une séquence ordonnée. Par exemple:

X malfaisance

X_1 l'antagoniste enlève quelqu'un

agent	forme de la malfaisance	objet action	possesseur objet	motivation	forme de disparition
45	46	47	48	49	50
dragon	enlève	fille	roi	l'épouser	s'envole

A partir des actions, base du modèle 1, on construit ainsi une grille de cent cinquante classes dont les éléments sont les parties constitutives du récit.

IV.3. La nature des classes de parties constitutives

Outre les actions, les cent cinquante classes représentent les composantes du récit parmi lesquelles les personnages, dont il existe plusieurs types (sept personnages principaux et des personnages subsidiaires ou introduits dans les actions de liaison). Ces personnages sont caractérisés chacun par des attributs que l'on peut classer sous des rubriques différentes :

a) aspect de dénomination ;
b) forme particulière d'apparition ;
c) habitation ;
c) éléments subsidiaires.

Ils sont également caractérisés par leur motivation, leur mode d'introduction, etc. (une attention particulière est portée aux attributs des personnages car leur étude comparative devient ultérieurement très importante).

IV.4. Relations entre les classes de la grille de description

Ces classes forment des séquences ordonnées :

1. selon la logique interne d'une action déterminée ;
2. selon la logique des actions les unes par rapport aux autres (des classes d'actions de liaison assurent la consécutivité entre actions principales).

Entre les éléments appartenant à des classes différentes, les possibilités de combinaison sont liées à leur sémantisme (si un personnage apparaît comme antagoniste, il ne pourra pas apparaître comme héros ou comme donateur, etc.). Les éléments de liaison entre les actions dépendent de manière encore plus stricte des éléments qui précèdent et qui suivent dans la séquence.

IV.5. Utilisation de la grille pour la segmentation du récit

Si la grille est assez précisément définie (*Morphologie*, p. 196 pour la liste de cent cinquante classes), son utilisation n'est explicitée nulle part. Cependant, on peut juger que cette opération n'a pas un caractère tout à fait arbitraire étant donné que d'une part elle s'appuie sur une segmentation du récit déjà ébauchée (les actions), que d'autre part, elle requiert une abstraction moins grande que celle nécessaire pour la construction du S.R.1. De ce fait, l'affectation dans les différentes classes semble mieux contrôlable empiriquement.

IV.6. Contrôle de la segmentation

L'opération de reconnaissance des segments n'est ni mieux ni plus mal fondée que les opérations faites en analyse de contenu (pas de critères formels linguistiques). Cependant, la possibilité existe de contrôler ce découpage.

Par référence au modèle 1. C'est un moyen de contrôle partiel; la cohérence interne reconnue pour une séquence de fonctions sert de garant aux relations qui s'établissent entre les actions dont elles sont l'abstraction et les autres parties constitutives du récit.

Par référence au modèle 2. Les opérations de comparaison systématique entre les éléments d'une même partie constitutive qui vont être effectuées permettront de juger s'ils sont homogènes au regard des transformations définies plus loin.

D'autre part, les opérations de comparaison entre récits, sur la base de la séquence de leurs parties constitutives dans la grille, permettent d'observer s'il y a homogénéité et régularité de segmentation sur l'ensemble.

IV.7. Ebauche du modèle 2

Principe. Par l'application de règles de transformation, les éléments appartenant à une même classe sont ordonnés les uns par rapport aux autres, de sorte qu'on peut distinguer pour chacune d'elles des éléments fondamentaux et des éléments dérivés (parties constitutives *fondamentales* et parties constitutives *dérivées*).

IV.8. Eléments constitutifs du modèle 2

a) Des hypothèses et des règles de nature sémantique pour caractériser la partie constitutive fondamentale de chaque classe

Ces hypothèses trouvent leur fondement empirique dans les connaissances provenant de l'étude des religions, des mythes, coutumes... dont les éléments du conte tirent leur origine (des monographies sont entreprises par Propp pour chacun de ces éléments, antérieurement à «l'étude génétique de l'axe structurel commun à tous les CPM». Le résultat de ces études ne sera publié que plus tard dans *Radici Storiche...*»).

Quatre hypothèses principales sont données dans «*Transformations*»:

1. l'interprétation surnaturelle est antérieure à l'interprétation rationnelle;

2. l'interprétation héroïque est antérieure à l'interprétation humoristique;

3. la forme appliquée logiquement est antérieure à la forme appliquée de manière incohérente;

4. la forme internationale est antérieure à la forme nationale.

b) *Des hypothèses et des règles formelles définissent le passage d'une partie constitutive à ses formes dérivées*

Ces hypothèses se fondent sur les modifications possibles que peut subir une partie constitutive examinée dans un ensemble formant syntagme ou proposition. Ces modifications peuvent être le fait de diverses opérations.

- La première classe d'opérations apporte des changements partiels à la forme fondamentale :

a) *réduction* («chaumière sur des pattes de poule dans la forêt → chaumière sur des pattes de poule → chaumière»);

b) *amplification* (phénomène opposé);

c) *inversion* («chaumière fermée → chaumière ouverte»);

d) *affaiblissement* ou *intensification* («renvoi → expulsion avec menaces»).

- La deuxième classe d'opérations *(substitution)* remplace une forme fondamentale par une forme sémantiquement «équivalente» mais qui ne conserve pas de traits formels de la première. Ces substitutions ont des qualifications différentes (réaliste, archaïque, littéraire, etc.); exemple: «chaumière fantastique → auberge».

- La troisième classe d'opérations *(assimilation)* correspond au remplacement incomplet d'une forme par une autre (fusionnement de deux formes); exemple: «chaumière au bout du village → caverne dans la forêt».

IV.9. *Application des règles sur les éléments constitutifs de chaque classe*

En théorie, la forme fondamentale est définie au départ par des règles sémantiques (§ IV.8., a), puis la dérivation des autres formes s'établit par application des règles formelles (§ IV.8., b). En fait, il ne s'agit pas de véritables règles; il manque pour cela d'une part la définition stricte de la règle elle-même, d'autre part les conditions de son application. Propp donne les éléments de ses procédures d'analyse à un niveau d'abstraction suffisant pour que l'on puisse reconstituer toute la trame logique de sa démarche; mais il ne définit pas de procédures applicables telles quelles par un non-spécialiste, ni sans doute par un spécialiste autre que Propp lui-même. Il ne donne nulle part — ni dans *« Morphologie »* ni dans *« Les Transformations »* — les matériaux permettant de juger du bien-fondé de sa démarche, ni de l'applicabilité de l'analyse à tous les éléments d'une même classe. Il ne donne que quelques exemples illustratifs (*« Les Transformations »*, p. 246).

IV.10. Rôle du modèle de transformation

1. Objectif historique et anthropologique

L'unicité du genre CPM étant fondée sur l'analyse des éléments narratifs du récit réduit (modèle de composition), il s'agit d'étudier les contes ainsi définis par rapport à leur milieu, c'est-à-dire à la réalité culturelle, religieuse, coutumière... dont il tirent leur origine (*Morphologie*, p. 191). La manière d'opérer qu'il propose est d'analyser les normes et les formes de leurs métamorphoses et d'essayer de rapporter cette évolution à des raisons qui leur sont extérieures (*Les Transformations*, p. 238).

2. Objectif fonctionnel

L'objectif est de définir, pour chaque classe des parties constitutives, un *ordre* découlant de l'application de règles sémantiques et formelles sur l'ensemble de la classe; la définition de cet ordre revient à articuler les hypothèses inférées de l'observation minutieuse d'un ensemble de contes en même temps sur leur contexte historique.

3. L'objectif fondamental est d'établir *une théorie générale des transformations du CPM* (« obtenir un tableau assez clair du passage par degrés d'un sujet à un autre »), et d'énoncer une loi qui puisse prendre en compte les formes disparues (« l'absence actuelle de telle ou telle forme ne suffit pas à mettre en cause la théorie générale », *« Morphologie »*, p. 189).

Le concept fondamental de théorie est très clairement perçu par Propp (« on n'aura jamais toutes les observations; si l'on voulait attendre de les avoir, la recherche théorique ne commencerait jamais, on n'aurait jamais de loi », *« Radici »*, p. 53).

Cette théorie générale a deux finalités :

- *une finalité formelle*: la théorie des transformations;

- *une finalité anthropologique*: cette théorie est mise au service de la recherche des racines du conte qui sont d'après Propp le cycle de l'initiation et le cycle de la représentation de la mort (*« Radici »*, p. 566).

| Observations empiriques sur les relations entre transformations et données anthropologiques. | → | Modèle formel général de ces rapport (règles 1 et 2). | → | Fonctionnement du modèle pour produire une connaissance nouvelle sur ces relations (par exemple, inférences pour les CPM sans information extrinsèque associée). |

IV.11. Validation du modèle de transformation

Propp ne donne explicitement aucun élément permettant d'introduire le concept de validation dans ses préoccupations, ni même dans les opérations qu'il met en œuvre.

L'analyse logique de son travail met en évidence l'absence de critères de validation aussi bien:

1. au niveau de la définition et de l'application des règles (§ IV.9.);
2. qu'au niveau de la validation expérimentale des hypothèses (il n'y a pas retour à l'observation empirique dont elles sont censées rendre compte).

Les schémas ci-dessous représentent les étapes d'un test sur la validation du modèle (ou plutôt sa corroboration).

1. Corpus initial d'observation, CPM_i

Pour chaque classe n de parties constitutives:

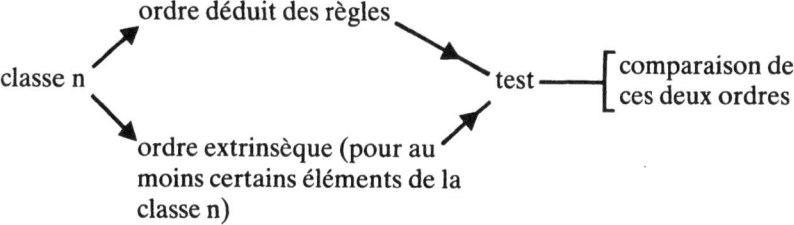

Test:
- s'il y a compatibilité: pour l'ensemble CPM_i, les règles expriment correctement les hypothèses; passer au test II;
- s'il y a incompatibilité:

recommencer | hypothèses?
règles?

II. Pour un corpus élargi

Mêmes opérations, même type de test.

Test:
- incompatibilité: les règles ne sont pas généralisables; hypothèses historiques éventuellement à revoir.

- compatibilité: corroboration de l'ensemble sur plans historique et formel.

Cependant, le travail de Propp publié ultérieurement sur les racines historiques des CPM constitue une sorte d'argument en sa faveur. Il montre qu'il y a compatibilité entre les résultats qu'il obtient sur un ensemble précis de CPM (Russie Septentrionale) et des informations provenant d'une large érudition couvrant l'ensemble des productions orales populaires — mythes, légendes, contes, etc. dans le monde entier. Fonction de l'érudition...

V. Analyse de texte et analyse linguistique

V.1. Parallèle au plan de l'élaboration formelle

V.1.1. Le système de représentation

Propp ne fait à aucun moment appel ou même allusion à la linguistique, ni pour ce qui concerne un éventuel recours à ses méthodes, ni comme référence théorique ou méthodologique plus abstraite dont se serait inspirée sa démarche, dont il dit par contre très précisément ce qu'elle doit aux méthodes des sciences naturelles et à la pensée scientifique de Goethe. Il n'en est peut-être que plus remarquable de relever certains parallèles entre la construction de Propp, telle que l'analyse la révèle à elle-même, et certains traits des méthodes linguistiques, parallèles dont on peut se demander de quel type de ressemblance ou de parenté entre les deux domaines ils pourraient être le témoignage.

Les unités du S.R.1. sont établies suivant une méthode qui s'appuie sur le principe de distinctivité au sens que l'on donne en linguistique à ce terme (double relation sur l'axe paradigmatique et syntagmatique des éléments que l'on essaie d'indentifier et de constituer en classes). Propp fonde l'élaboration du système sur l'idée que les éléments à privilégier dans le récit sont les actions des personnages. Ce sont elles qui sous une forme plus abstraite — les fonctions — doivent former les unités constitutives du système de représentation. Dans un premier temps, ces actions sont repérées dans les contes d'une manière assez intuitive, sur la base de la connaissance empirique que Propp peut avoir de son matériel. Cependant, lorsqu'il s'agit pour un conte donné d'isoler et d'identifier effectivement tout ce qui peut avoir statut d'*action*, la sélection se voit contrôlée par les procédures d'interprétation auxquelles sont nécessairement soumis les possibles candidats. En effet, une action n'est pas interprétable de manière isolée; le sens qu'elle possède dans un conte naît à la fois de sa confrontation avec l'ensemble du récit réduit du conte et de la confrontation de cet ensemble avec les ensembles formés par tous les contes appartenant au même corpus expérimental.

Si l'on examine de manière comparative le déroulement (de récits) dans lequel de l'avis de Propp, «une nécessité logique» définit a priori un ordre partiel, les actions qui apparaissent dans une position donnée sont rangées dans une même classe dont le sens est défini par le sens des classes avec lesquelles elle se trouve en combinaison. Cette double opération aboutit, à partir des éléments d'un même niveau, à établir des unités de niveau supérieur qui les intègrent et les interprètent. (Deux niveaux sont fixés par Propp: les actions sont interprétées en termes de *modes d'action*, celles-ci étant ensuite interprétées en termes de *fonctions*). Le système est dès lors construit: il s'agit d'un système structural d'unités définies — i.e. interprétées — par commutation et combinaison par rapport à la totalité du récit réduit qu'elles constituent, ainsi que par rapport à la série des récits réduits correspondant au corpus des contes pris dans leur ensemble.

Propp mentionne dans son étude des phénomènes qui se retrouvent en linguistique (par exemple, l'*effet de contexte*: une action ne peut être interprétée que si le double contexte gauche et droit dans lequel elle s'inscrit est lui-même déjà interprété en termes de fonctions; ou encore l'*effet de discontinuité*: certaines actions impliquent ou au contraire excluent d'autres types d'actions et induisent de ce fait des contraintes dans l'interprétation d'actions apparaissnt même à distance). Si l'on ne veut pas détruire la cohérence du système, il faut donc se soumettre à des règles qui peuvent être utilisées de manière stable lorsqu'elles ont été établies, soumettant ainsi des choix subjectifs à un contrôle qui les régularise et tend à les rendre reproductibles. Donnant aux actions une interprétation dans les termes d'unités prises à un niveau supérieur d'abstraction par l'application de règles contextuelles de distribution, cette méthode possède les traits d'une analyse linguistique de type structural. Elle n'est cependant pas l'apanage de la linguistique, bien qu'elle ait été largement mise en pratique dans ce domaine; elle caractérise d'une manière plus générale toute situation dans laquelle, ne disposant que d'informations limitées, on veut identifier et organiser des données observables qui sont d'une part linéairement disposées, et d'autre part constituées d'éléments que l'on suppose être en nombre fini. Ces éléments en eux-mêmes peuvent avoir ou non un sens; ce qui importe, c'est le sens différentiel qu'ils acquièrent dans le système et qui peut être déduit de la signification de l'unité globale qu'ils forment. Cette signification est elle-même différentiellement établie par l'examen comparatif de séries appartenant à un même ensemble. Si les combinaisons possibles sont nombreuses, on obtient une très grande diversité de structures dont les règles de construction peuvent devenir très complexes. Ce danger n'apparaît pas ici puisque par hypothèse il existe, sous-jacente aux CPM, une structure unique de récit (sur le rôle de cette hypothèse dans le raisonnement, voir § I.1.a).

Une différence essentielle avec l'analyse linguistique apparaît immédiatement. En linguistique, les opérations effectuées au niveau de l'énoncé de la phrase portent sur des manifestations empiriques concrètes, même si elles ont été amputées de certains de leurs traits: prosodiques, pragmatiques, etc., si bien que quel que soit le niveau d'intégration où s'obtient le résultat, on peut toujours prétendre théoriquement revenir à la phrase. Au contraire, dans l'analyse des contes, les opérations ne portent que sur des unités conceptuelles obtenues de manière intuitive et implicite à partir des données observables. On comprend qu'il ne peut en être autrement car les segments du texte susceptibles d'exprimer une action ne sont pas formellement homogènes; ils peuvent aussi bien être des mots ou des syntagmes que des propositions ou des phrases entières, c'est-à-dire des unités qu'il est impossible d'inventorier et de constituer en un ensemble fini. Au contraire, les unités du récit, résultat d'un processus mental d'abstraction et de réduction, correspondent à des prédicats dont on pourrait théoriquement établir la liste.

V.1.2. Le modèle de composition

Lorsque les unités du système de représentation sont dégagées, l'organisation de ces unités sur l'ensemble du matériau étudié conduit à l'élaboration d'un modèle général de la structure du CPM. On peut également faire ici le rapprochement avec certains principes de la théorie syntaxique. De même que le modèle génératif est en linguistique considéré comme un modèle de reconnaissance et de production des phrases grammaticalement correctes d'une langue, de même le modèle de composition du CPM à pour objet de définir pour l'ensemble des contes les séquences bien formées des fonctions qui correspondent au déroulement du récit. Le modèle peut être représenté comme un système de règles ordonnées qui assigne aux contes une description structurale de façon explicite et régulièrement définie. L'unité narrative dans le conte étant le mouvement (un conte peut être formé de plusieurs ou d'un seul mouvement), il est possible de décrire le processus régulier de la composition de ce mouvement: à partir d'une forme minimale constituée d'une fonction, qui est en quelque sorte le pivot du récit réduit, des opérations d'insertion, de substitution, de permutation, de suppression, introduisent et organisent les fonctions selon des combinaisons permises. Ces opérations permettent de rendre compte de la diversité des structures du récit et de mettre en évidence les relations privilégiées qui s'établissent entre certaines fonctions (implication réciproque, implication simple, exclusion, etc.) qu'il s'agisse de paires ou de sous-ensembles plus importants. L'insertion autorise en particulier de très nombreuses variantes puisque à la plupart des points de la séquence peuvent être introduits des ensembles structurés de fonctions constituant de nouveaux mouvements qui s'intercalent dans les premiers et donnent au récit une complexité accrue.

Par contre, les règles responsables du passage des unités concrètes que sont les actions, à leur représentation en termes de fonctions, ne sont pas systématiquement définies: il s'agirait bien sûr de règles contextuelles, mais étant donné le peu de connaissance que nous avons des opérations de substitution que Propp a pu mentalement faire pour établir les équivalences, il serait très difficile de les exprimer sous forme de règles.

Si l'on retrouve dans la description du modèle de composition les procédures utilisées dans la construction du modèle génératif transformationnel en linguistique, le parallélisme se circonscrit à la trame logique de la démarche; tout d'abord parce que les procédures qui devraient définir le modèle sont opératoirement mal définies et qu'il est donc douteux que l'on puisse réellement construire et tester ce modèle, mais aussi parce que si la comparaison peut s'exercer sur la nature des opérations mises en jeu, elle ne peut guère aller au-delà: la nature des éléments sur lesquels elle porte est essentiellement différente.

V.1.3. Dans la construction du *système de représentation 2* et du *modèle de transformation*, l'analogie est aussi grande. Là encore, bien qu'il ne soit qu'ébauché, le système apparaît très bien dans son organisation logique. L'ensemble d'un récit revient à la somme de ses parties constitutives. Pour chaque classe de parties constitutives, les éléments entretiennent entre eux des relations de *paraphrase* au regard de la signification qu'ils prennent par rapport à l'ensemble du récit. Ces relations de paraphrase définissent un ordre sur ces éléments, concrétisé par un ensemble de règles transformationnelles distinguant sur des bases formelles «composantes fondamentales» et «composantes dérivées».

Dans les faits, seuls quelques exemples illustratifs indiquent ce que pourraient être les résultats de cette construction qui, dans ses principes, possède le caractère d'un appareil transformationnel susceptible de mettre en lumière les propriétés formelles des unités constitutives du récit, en liaison avec leurs propriétés sémantiques au regard de l'anthropologie.

V.2. *Parallèle au plan de la portée explicative des modèles*

Les statuts du modèle génératif transformationnel et du modèle de composition du CPM sont également très différents du point de vue de leur fonction explicative. Si l'on se réfère à Chomsky (1971), justifier une grammaire générative s'entend de deux manières différentes. S'il s'agit de son adéquation descriptive, la grammaire est justifiée dans la mesure où elle décrit correctement la compétence du sujet parlant; on dira qu'elle est justifiée par des arguments externes. Cependant, ceci ne peut suffire; il faut également que la grammaire fasse la preuve de son adéquation explicative, c'est-à-dire tire sa justification d'une théorie linguistique qui constitue une hypothèse explicative concernant la nature même du langage humain. Seule une telle théorie permet de choisir parmi plusieurs grammaires descriptivement adéquates celle qui est «réglée par des principes», c'est-à-dire celle qui se justifie sur la base d'arguments internes. Construire une telle théorie revient à «construire une théorie de l'acquisition du langage et à rendre compte des capacités innées spécifiques qui rendent possible cette acquisition». On sait qu'aucune théorie linguistique ne peut aujourd'hui rendre vraiment compte des faits touchant l'apprentissage de la langue. Ce qui revient à dire qu'on ne dispose pas, en linguistique, d'une théorie explicative de la langue.

On peut considérer au contraire que le modèle de composition chez Propp se justifie par des arguments internes et qu'ainsi il satisfait à la condition d'adéquation explicative. En effet, le modèle peut être considéré comme une grammaire descriptivement adéquate du déroulement du récit dans les CPM. Il est capable d'affecter à la classe des CPM tous les contes considérés comme tels selon la compétence des folkloristes et seulement ceux-là; inversement, il peut produire des récits réduits de CPM «acceptables» comme tels selon cette même compétence. Mais en même temps, il peut faire l'objet d'une évaluation puisqu'il est lié à l'hypothèse explicative concernant l'unicité du genre CPM dont il constitue l'expression. En effet, cette unicité de genre est l'indice d'un lien génétique entre les CPM; lien génétique que le modèle 2 tente quant à lui d'identifier et de décrire à travers les transformations des parties constitutives du récit.

Ainsi, les rapports très étroits qu'entretiennent formellement les deux systèmes de représentation S.R.1. et S.R.2. associent le modèle de composition au modèle de transformation et donnent au premier les arguments internes qui fondent son adéquation explicative.

VI. Analyse de texte et connaissance anthropologique

Le travail de Propp sur le conte pose l'analyse du texte dans un cadre très particulier, différant radicalement de celui où s'inscrivent la plupart des recherches actuelles de ce type (théorie du discours, grammaire de texte, etc.). Nous nous contenterons de signaler les points les plus importants de cette différence.

1. La classe des textes est bien définie, à la fois initialement (les classifications traditionnelles des folkloristes), et comme objectif intermédiaire de la recherche (le modèle de composition) qui fonde la suite de la construction.

2. L'objectif scientifique pour lequel l'analyse est mobilisée est également défini de manière précise, du niveau le plus général (l'origine du CPM), jusqu'aux hypothèses les plus spécifiques examinables sur le matériau.

3. L'approche délibérément réductrice de la phase initiale du processus de formalisation (modèle 1) est acceptée comme condition nécessaire à l'accumulation effective de connaissances, c'est-à-dire au *dépassement* (S.R.2., modèle 2) de la réduction initiale.

4. Le travail formel apparaît comme indissociable de la connaissance empirique approfondie du matériau et de sa problématique. Ce qui à deux importantes conséquences :

- de meilleures chances de définir des hypothèses raisonnables qui s'inscrivent dans l'histoire de la discipline;

- des possibilités multiples, d'ordre divers, de juger de la pertinence et de la cohérence des constructions formelles. Et, de ce point de vue,

5. La logique selon laquelle Propp conçoit la construction de ses modèles sur les textes permet d'en apprécier le bien-fondé, sinon de les valider. Ce point est évidemment capital.

SECTION III
INFORMATIQUE ET RAISONNEMENT EN HISTOIRE

Le raisonnement de l'historien est au centre des préoccupations du philosophe qui s'interroge sur la nature et les fondements de la connaissance historique. Il est également étudié d'un point de vue plus technique par quelques logiciens qui tentent de définir les inférences mises en jeu dans les schémas inductifs de l'historien, au sens par exemple de la «plausibilité dans la méthode historiographique» (Rescher, 1976) ou des «modalités dans l'explication en Histoire» (Von Wright, 1971). Ce travail de formalisation à le plus souvent un caractère local dans le sens qu'à partir d'une typologie des inférences, chacune d'entre elles est d'abord justifiée ontologiquement puis étudiée du point de vue de ses propriétés formelles.

Dans les travaux qui sont présentés ici, c'est l'architecture d'ensemble du raisonnement qui est prise pour objet, avec le souci de définir des stratégies qui permettent de mettre les conjectures historiques à l'épreuve par divers procédés dont le plus général est la confrontation de catégories d'information différentes. Construites à partir de certains sous-ensembles distingués de la somme des «documents» et des connaissances disponibles, le jeu consiste le plus souvent à vérifier que ces conjectures sont logiquement «renforcées» par la prise en compte des autres sous-ensembles pertinents, ou à tout le moins que leur insertion dans un espace sémantique de plus en plus large ne soulève pas de contradiction insurmontable. Ce processus dynamique repose en premier lieu sur la qualité du savoir et des intuitions de l'historien. L'informatique peut cependant jouer un rôle-clé parce que:

1. les méthodes de constitution des données et de représentation des connaissances sont indispensables pour que la confrontation entre types d'information soit mécanisable ou du moins interprétable sans ambiguïté;

2. la modélisation et le calcul permettent par diverses démarches inductives de donner une expression formelle aux hypothèses;

3. la maîtrise de la complexité du raisonnement se trouve accrue, surtout au-delà d'un certain seuil, par les méthodes informatiques d'analyse et de représentation (sans que cela signifie nécessairement que le «modèle» de raisonnement ainsi construit est automatisable).

On trouvera dans le premier texte une présentation générale des problèmes que pose l'articulation de segments formalisés du raisonnement avec des segments non formalisés ou, en d'autres termes, l'introduction du calcul dans le raisonnement. Le texte suivant reprend les données textuelles construites au chapitre 1, section II, et à travers le rôle qu'elles jouent dans différentes stratégies de mise à l'épreuve, illustre la relativité de la connaissance historique. Dans la dernière étude une démarche proche de celle qui a été utilisée dans l'analyse de l'œuvre de Propp permet d'expliciter et de formaliser partiellement un schéma classique de raisonnement en archéologie.

Chapitre 1
Calcul et raisonnement en archéologie

Si l'on entend par méthode l'ensemble des démarches rationnelles par lesquelles on arrive à la connaissance de type scientifique dans un domaine déterminé, c'est un fait d'évidence qu'il n'y pas de méthode mathématique pour l'archéologie, dans l'incapacité où se trouve le savant d'aboutir à la description du développement d'une culture, de l'organisation de formes sociales, de l'enchaînement de processus historiques, par les seuls moyens de la mathématique. Au jeu de la rigueur, l'une des questions les plus fréquentes — même lorsqu'elle n'est pas perçue comme telle — consiste précisément à s'interroger sur les rapports qui existent entre mathématique et connaissance de nature archéologique.

Observer que la mathématique n'opère que dans le champ des symboles, cette évidence signifie qu'elle ne traite ni du matériel lithique, ni des configurations spatiales, ni des rapports sociaux, ni d'aucun autre phénomène concret, mais seulement des ensembles de signes qui constituent une *représentation* de ces phénomènes dans l'optique définie par le problème à résoudre; ceci est déjà vrai, aussi loin que l'on puisse se croire de toute préoccupation sémiologique, lorsque l'archéologue introduit des fréquences, ou des mesures, ou toute autre évaluation numérique pour définir les données du problème. Un pas important est accompli lorsque cette approche, implicitement à la base des sciences de la nature, se trouve généralisée et étendue à l'ensemble des faits humains et sociaux, accessibles alors par-delà leurs aspects strictement quantitatifs. Mathématiser le traitement de ces représentations n'a de sens que pour autant qu'elles soient *régulières*, c'est-à-dire dans une correspondance bien définie avec les éléments de toute nature qu'elles représentent dans le calcul et c'est une exigence du même ordre qui se manifeste lorsque, dans le cas d'un raisonnement ne mettant pas en jeu des opérations formelles, la simple logique «naturelle» impose que les termes sur lesquels porte l'argumentation soient dépourvus d'ambiguïté. Il faut donc encore observer que dans une perspective aussi analytique que celle qu'implique le calcul le même phénomène peut donner lieu à des représentations distinctes — entre lesquelles la visée poursuivie doit permettre de choisir — ou ce qui revient au même, que le calcul et le raisonnement opèrent alors dans une *réduction* de l'univers observable. Cette réduction permet à son tour de reconnaître et d'expliciter les relations existant entre les différents types d'information, la logique interne du problème devant nécessairement être exprimée dès lors que le calcul exige d'être inséré dans un cadre cohérent (ce serait, par exemple, la détermination du «modèle» des statisticiens).

Enfin, les résultats du calcul sont eux-mêmes des nombres, des symboles divers, des structures, et à moins que le problème n'ait été posé de telle manière que la réponse soit immédiatement de nature archéologique, ces résultats formels doivent en règle générale faire l'objet d'une «interprétation», qui n'est rien d'autre que l'affectation d'un sens historique, social, etc. Bien que ce problème n'ait pas fait l'objet d'études systématiques, comment cette restitution du sens pourrait-elle négliger les règles définies pour la représentation initiale de l'information, les éléments logiques dégagés dans l'analyse du problème, et même la nature des transformations opérées par le calcul, pour s'en tenir dans un premier temps à l'univers réduit évoqué plus haut. D'autre part, toute extension ou généralisation devrait à son tour s'appuyer sur des justifications, postulées ou découlant de données extérieures, mais toujours soigneusement explicitées et de ce fait susceptibles de toutes les vérifications ou modifications que l'évolution des connaissances pourrait suggérer.

C'est ainsi que les rapports entre archéologie et mathématique semblent s'articuler autour de deux «traductions», la première qui est celle du passage des phénomènes embrassés par l'archéologie à leur représentation régulière, analytique à des degrés divers et volontairement réduite, la deuxième celle du retour au contenu archéologique à travers les aléas d'une «interprétation» qu'une approche plus systématique permet de réduire pour autant qu'elle soit inscrite dans une stratégie de recherche et un cadre théorique cohérents. L'objet de cette réflexion est de montrer comment les opérations mathématiques, le calcul proprement dit, s'insèrent dans un contexte plus global où elles puisent leur sens et qui comprend: d'autres systèmes symboliques que ceux de nature strictement mathématique — l'information constituée en données; des éléments informatifs qui peuvent être utilisés sans qu'il soit nécessaire de les exprimer sous des conventions formelles; une problématique théorique qui fonde le questionnement des «documents» et la conception du calcul; enfin des principes logiques dont certains peuvent être universels mais qui se rattachent aussi, le cas échéant, à une épistémologie spécifique.

Référence sera faite à une recherche concrète[1] destinée à définir une méthodologie du recours au calcul pour certaines catégories de problèmes, qu'ils relèvent de l'archéologie ou d'autres disciplines des sciences de l'homme, de telle façon que par-delà la diversité des matériaux et des questions puisse se dégager l'épure abstraite d'une démarche. Cette recherche porte sur l'analyse du raisonnement par lequel la construction d'une typologie des amphores antiques de Méditerranée Occidentale au moyen de méthodes mathématiques est mise au service de l'élucidation d'un certain nombre de problèmes concernant le commerce antique (Fariñas del Cerro et al., 1974; Guenoche, Tchernia, 1974; Borillo et al., 1977).

I. Inventaire et catégorisation de l'information relative à un problème

Soit donc un ensemble E d'objets — des amphores si l'on veut — constituant le matériau à partir duquel va se développer l'étude. Nous pourrions tout aussi bien supposer plusieurs ensembles d'objets ou de documents différents jugés intéressants pour la recherche, ce qui serait évidemment plus conforme aux situations réelles mais introduirait des répétitions inutiles pour notre propos. Les éléments nouveaux, sur le plan abstrait où l'on se place, c'est-à-dire les interférences entre les observations et les constructions menées en parallèle à partir de chacun de ces ensembles seront en tout état de cause soulignés à chaque étape du raisonnement développé à partir de E.

A E sont associées diverses catégories d'informations, désignées par I_i. D'abord celles dont les objets sont les supports physiques, ou *informations intrinsèques*, et qui comprennent des catégories aussi différentes que leur morphologie, la technologie dont ils sont le produit, les

---

[1] Projet AVEROES (Analyse et validation expérimentale des raisonnements en œuvre dans les études sociales).

matériaux qui les composent... enfin les signes dont ils sont éventuellement le support: décor, marques, graffites, dont la nature systématique et l'intentionnalité, leur indépendance éventuelle par rapport aux contraintes fonctionnelles, pour citer seulement ces deux aspects, justifient qu'on leur accorde une attention particulière. D'autre part, aux objets sont associées également des catégories d'informations que nous appelerons *extrinsèques* et qui sont si diversifiées qu'il est préférable de les rassembler en catégories sémantiques: *spatiale* (lieu de découverte, de production, d'utilisation, situation relative sur le site de la fouille, etc.); *temporelle* (datation absolue, relative); *fonctionnelle*, au sens strict (emballlage pour quelle marchandise?) ou dans un sens plus large (fonction économique globale, éventuelle fonction symbolique de tel ou tel élément...). Une telle énumération, qui n'est en rien limitative, esquisse le cadre dans lequel se définissent la plupart des problèmes archéologiques.

De fait, la première tâche du chercheur est certainement de faire affleurer et de systématiser la réflexion qu'il ne manque pas de réaliser en son for intérieur, car il est certain qu'au-delà d'un certain seuil de complexité l'analyse de la situation sémantique et logique des objets — ou plutôt des diverses catégories d'informations qui leur sont associées — ne peut se passer de son explicitation: pour chaque catégorie, et par rapport au problème posé, quels sont les éléments d'information qu'elle apporte et comment faut-il l'interroger pour qu'elle concourre à la résolution du problème? Ainsi, pour les amphores, peut-on tenir les traits morphologiques des objets du corpus pour indépendants des marques imprimées que certains peuvent porter? Sur quels arguments pourrait éventuellement se fonder ce parti d'indépendance? Comment pourraient se renforcer mutuellement des conclusions fondées d'une part sur une typologie morphologique et d'autre part sur une typologie des timbres? De la ressemblance des timbres, peut-on induire des conclusions sur l'origine des amphores? Si oui, quelle est la nature des rapports qui s'établissent ainsi entre morphologie et centres de production, puis, éventuellement, la nature du contenu, c'est-à-dire la marchandise échangée? De quels présupposés découlent ces conclusions et quelles sont les conventions qui les relativisent? Au fur et à mesure que s'élargit la problématique attachée à une catégorie de documents — et c'est bien ainsi qu'évoluent les disciplines historiques — la nécessité d'une systématisation et d'une organisation de l'inventaire est plus manifeste. Des justifications précises, faisant référence à la corroboration et à l'interprétation des résultats formels, seront données plus loin (§ IV).

Un autre problème important se pose au stade préliminaire évoqué ici : la nécessité, dans le cas le plus général, de circonscrire la classe des objets dont on traite — l'ensemble E. Cette question peut n'avoir qu'un intérêt relatif du fait que sa réponse est évidente et la délimitation de E contenue dans l'énoncé même du problème (les objets trouvés en un lieu déterminé, une épave, un four, etc.). Mais son omission risque de priver le chercheur de toute possibilité de contrôle sur la portée et l'extension de ses résultats, dans la phase finale de l'expérience. Il importe donc, en principe, de définir des traits distinctifs permettant de reconnaître et d'isoler la classe des objets, ou plus généralement des phénomènes, pertinents à tel ou tel moment de l'étude. Pour les amphores, les critères peuvent relever de catégories intrinsèques (morphologie, décor...) ou extrinsèques (localisation, destination fonctionnelle...). Mais il est aussi très fréquent que la définition des traits distinctifs soit l'objet même de l'étude[2] et dans ce cas la délimitation initiale et en quelque sorte conjecturale de E est laissée aux capacités empiriques de diagnostic d'un expert ou d'un collège d'experts, la recherche pouvant être entendue comme une tentative d'explicitation des critères de décision que l'expert met implicitement en jeu.

L'analyse du rôle assignable à chaque catégorie d'information permet de déterminer l'ordre dans lequel elles seront mobilisées au cours des différentes phases de la recherche et les modalités de leur intervention. L'importance de cette *stratégie* apparaîtra d'elle-même par la suite. Il va de soi que si rien n'est mieux partagé que le souci de clarification sans lequel il n'y a pas de discours scientifique, la nécessité de l'explicitation est quant à elle davantage à rattacher aux contraintes de la formalisation, étant entendu aussi qu'une stratégie se précise et le cas échéant se modifie au fur et à mesure du développement de la recherche. Dans la perspective du recours au calcul, la corroboration des résultats formels et la détermination de leur portée significative associent les unes aux autres les différentes catégories d'information, par des relations de nature logique pour la corroboration et selon des critères sémantiques pour l'interprétation (cette distinction, on le verra, est rarement aussi tranchée dans les faits).

Les conséquences en sont doubles. D'une part, le caractère relatif des constructions théoriques se trouve placé en pleine lumière; d'autre part, d'avoir procédé à une première définition du rôle de chaque catégorie d'information permet d'articuler de proche en proche E sur l'ensemble des objets, des connaissances..... relevant d'un même do-

---

[2] Voir par exemple Guenoche, A., Tchernia, A., op. cit.

maine archéologique. Un ensemble d'amphores trouvées dans une épave peut être associée à de la vaisselle commune faisant partie de la cargaison, à un certain type de technologie navale et aux matériaux (bois, métaux, bitume...) employés dans sa construction. Cette conjonction renseigne sur les conditions matérielles du commerce maritime. Certaines indications peuvent assez aisément indiquer le contenu des amphores, d'où sur la base d'inférences fondées sur la connaissance de l'agriculture antique, la région exportatrice. Si par exemple des marques suggèrent un agent économique historiquement repéré et des monnaies un jalon chronologique, c'est une composante complexe d'un réseau commercial qui se trouve reconstruite. Chaque entité sert de relais vers d'autres objets, d'autres analyses. Ainsi se construit pas à pas le champ au sein duquel s'insère E[3], qui en précise la fonction documentaire, qui fixe les questions auxquelles il peut contribuer.

II. Représentation de l'information

Supposons que certaines catégories d'information bien définies aient été retenues en raison de leur pertinence connue ou supposée, et qu'à ce stade de la recherche l'attention se focalise sur l'une d'entre elles, I (qui pourrait être la morphologie des amphores) dont on étudie de manière plus approfondie la *nature* abstraite, structurelle, et le *rôle* logique, cognitif. Il s'agit en premier lieu de déterminer s'il existe des structures formelles sous-jacentes, si l'information s'organise selon tel ou tel modèle formel, plus simplement de décider sur une série d'observations de ce qui revient au hasard et de ce qui est systématique; et pour le rôle de chaque catégorie, de définir comment le traitement de l'information, ou son résultat, concourt à corroborer ou à invalider une hypothèse, sur le plan heuristique à suggérer des conjectures, des rapprochements, plus généralement à s'insérer dans un corps théorique pour en enrichir la portée et la cohérence, ou au contraire pour en marquer les limites.

Le calcul joue par conséquent un rôle central dans l'analyse de I, entendue dans le sens que les lignes précédentes suggèrent et qui sera plus amplement développé (§ IV). La plupart des opérations sur I, dans la mesure où elles sont conduites par des calculs, portent en fait

---

[3] Peut-être serait-il plus juste de dire que c'est ainsi que ce champ s'analyse, puisque c'est généralement par une démarche inverse que l'historien, à partir d'une problématique plus globale, aboutit à une justification de son intérêt pour E.

sur des représentations symboliques conventionnelles de I. Le chercheur est donc amené à prendre la décision fondamentale de substituer à l'information, telle qu'elle est mise en jeu dans le raisonnement traditionnel pour les sciences de l'homme, multiforme, irrégulière, implicite... des *données* dans l'acception stricte que le terme possède pour les sciences de la nature. Les difficultés inhérentes à un tel bouleversement sont encore mal perçues mais il y a toute raison de penser qu'elles seront tout aussi redoutables, même si elles sont d'un ordre différent, que celles que le physicien ou le biologiste ont pu rencontrer pour décrire leur propre univers empirique. En effet, si décrire la trajectoire d'une particule exige qu'on soit d'abord en mesure de la rendre accessible, d'une manière ou d'une autre, à la perception sensorielle, mais ne pose ensuite que des problèmes pour lesquels les méthodes et les théories de la physique sont bien adaptées, il en va tout autrement pour parvenir à des représentations *réglées* de l'information *pertinente* véhiculée par un outil, un texte écrit ou oral, un comportement, une image... bref par les documents et les faits qui relèvent des sciences de l'homme.

Les carences, ici, sont en premier lieu théoriques, dans la mesure où l'incertitude sur la description des phénomènes reflète nécessairement l'absence dans la plupart des domaines d'un cadre théorique de référence. Mais des résultats intéressants ont été obtenus sur le plan méthodologique, ce qui signifie que faute de savoir obtenir des représentations dont la pertinence peut être discutée a priori, on est tout de même en mesure d'obtenir des représentations réglées : « nous entendons par là que la correspondance entre les phénomènes et les systèmes symboliques chargés de les représenter doit être telle que deux phénomènes identiques doivent nécessairement avoir la même représentation et qu'à deux représentations identiques doivent correspondre deux phénomènes identiques ou « équivalents » au regard des critères de l'étude ». Cette condition minimale de régularité est en tout état de cause indispensable pour initialiser le processus de construction théorique. Elle est d'autant plus difficile à respecter que les problèmes qu'elle soulève sont fort différents selon qu'il s'agit de perception « pure » (objets, configurations spatiales...) ou de décryptage de systèmes symboliques complexes (textes, iconographie, décor...).

Peut-être n'est-il pas inutile de souligner l'importance de ces questions, dans la mesure où l'effort principal au stade actuel de la recherche porte sur la mise au point de méthodes de calcul sophistiquées, sans que la constitution des données vérifie toujours les conditions de validité nécessaires par rapport aux phénomènes étudiés. De ce fait, aucune conclusion rigoureuse ne peut être tirée du calcul puisque on ne peut estimer la portée de ses résultats, ni leur stabilité, ni discuter la pertinence des traits descriptifs, si les éléments soumis au calcul ne sont pas eux-mêmes définis de telle façon qu'ils entretiennent avec le domaine empirique étudié la relation régulière définie plus haut.

Une autre remarque concerne la *réduction* dont procède, à partir du niveau empirique, l'information qui est effectivement traitée par le calcul. En premier lieu, la catégorisation de l'information, inséparable de l'analyse du problème et de la détermination d'une stratégie de recherche, en distingue certaines parties et peut, le cas échéant, en écarter légitimement d'autres; puis les représentations régulières, dans la mesure où elles sont le résultat du filtrage de chaque catégorie par les moyens d'expression et les conventions du système de représentation, ne retiennent elles aussi qu'une partie du contenu propre à chaque catégorie. Mais la richesse et la complexité se retrouvent par le jeu de l'articulation des catégories entre elles et par la possibilité de traduire la variété des points de vue descriptifs en une variété correspondante de systèmes de représentation réguliers. En l'absence de références théoriques, cette approche permet de mieux cerner le problème de la pertinence des descriptions, chaque option descriptive pouvant être successivement testée. Elle s'oppose à l'approche globale des descriptions à finalité multiple[4] qui ont été mises en œuvre en retenant simultanément tous les éléments d'information qui semblaient a priori remarquables. Mais ces recherches, auxquelles l'archéologie à servi de terrain d'essai, ont eu le mérite fondamental de poser les bases de la méthodologie évoquée plus haut[5], à partir de laquelle le problème crucial de la description a pu être perçu et posé rigoureusement. Les expériences de construction de typologies des amphores antiques ont permis de mettre en évidence les limites des descriptions «globales» (Hamon, Hesnard, 1974) et la nécessité de descriptions finalisées[6].

Sous l'une ou l'autre de ces modalités, la démarche descriptive dont il est question ici contraste fortement avec les pratiques qui ont généralement cours dans les sciences de l'homme et pour lesquelles, sauf exception, le choix de certains «indicateurs» se fait davantage en fonction de leur aptitude à être traités par telle ou telle méthode mathématique que selon des présupposés théoriques et méthodologi-

---

[4] On en distinguera deux types principaux, documentaires ou gestionnaires; et scientifiques ou structurels.
[5] Voir les différents «codes descriptifs» réalisés au Centre d'Analyse Documentaire pour l'Archéologie (C.N.R.S.).
[6] Guenoche, A., Tchernia, A., op. cit.; Fariñas del Cerro, L., Fernandez de la Vega, W., Hesnard, A., op. cit.

ques qui vérifient les conditions nécessaires de régularité et de pertinence évoquées plus haut. Malgré l'importance des critères fonctionnels (§ III ci-après), le *choix* de l'information et la *forme* des données doivent avant tout refléter les options théoriques du savant et son analyse du problème, à charge pour lui de définir des systèmes de représentation dont les productions — les données — soient effectivement aptes au calcul.

III. La construction de modèles formels

Notre intention n'est pas de dresser l'inventaire des différentes structures et des principaux algorithmes auxquels l'archéologie a recours, de manière exceptionnelle depuis le début du siècle pour la préhistoire, à une échelle plus générale aujourd'hui et dans un mouvement qui va s'accentuant depuis deux décades. Des études excellentes ont été consacrées à ce sujet, que ce soit de manière détaillée (Doran, Hobson, 1975) ou dans le cadre de présentations plus synthétiques (Whallon, 1972). Ce qui importe davantage est de définir la place du calcul stricto sensu et de préciser sa fonction dans le raisonnement, dont il constitue l'un des principaux instruments mais auquel il ne saurait se substituer. Notre propos est par conséquent de définir les critères suivant lesquels pourrait être dressée une esquisse typologique des principales méthodes de calcul en fonction des rapports de certaines de leurs caractéristiques avec les situations logiques que rencontre l'argumentation de l'archéologue. Encore faut-il ajouter que nous ferons surtout référence aux modèles de sériation et de classification ainsi qu'à certaines méthodes statistiques, à l'exclusion de celles qui sont de nature combinatoire et algébrique (réseaux, grammaires formelles...) ou fondées sur des théories mathématiques plus spécifiques et d'usage plus rare (processus stochastiques par exemple). Enfin, même si l'état des connaissances empêche d'aller très loin dans ce sens, il importe au moins de signaler le problème fondamental de l'adéquation des méthodes mathématiques du point de vue des rapports entre les axiomes qui les fondent et la nature des phénomènes «historiques» auxquels on tente de les appliquer.

Le calcul a pour objet principal la mise en évidence et l'étude des relations qui organisent éventuellement les ensembles de données. Il intervient au terme d'une série d'opérations intellectuelles qui relèvent aussi bien des formes les plus habituelles du raisonnement — l'analyse du problème archéologique, la catégorisation de l'information — que de démarches où la formalisation joue déjà un rôle central — la définition de systèmes descriptifs et la construction de représentations régulières. Dans le cas le plus fréquent, les ensembles de données se présentent comme des tableaux à deux entrées, l'une correspondant à la liste E des n «objets» étudiés, l'autre aux m unités du système descriptif R, chaque élément d_{ij} du tableau représentant la valeur que prend l'unité descriptive j sur l'objet i. Structurer les données sera donc étudier l'ensemble des m × n éléments du tableau pour y chercher les relations qui pourraient s'y trouver attestées et qui exprimeraient suivant le cas soit des relations entre objets, soit des relations entre unités descriptives, soit des relations entre objets et unités descriptives.

Dans notre perspective, les méthodes de calcul se caractérisent aussi bien par rapport à l'ensemble E des objets que par rapport à l'ensemble R des unités descriptives. Compte tenu de la dualité des rôles joués par E et R dans la constitution des tableaux m × n et dans la définition des relations éventuelles, les caractérisations des méthodes de calcul par rapport à E et par rapport à R seront très voisines. Les tableaux 1 et 2 présentent, à titre d'exemple, l'esquisse d'un système de caractérisation permettant d'appréhender le rôle logique de certaines méthodes de calcul.

Le problème du choix d'une méthode de calcul

Il faut souligner l'intérêt que présenterait pour l'archéologue ou le chercheur en sciences humaines confronté à un problème de calcul une grille du type de celle qui est ébauchée ici. En effet, si les subtilités proprement mathématiques qui différencient les principales méthodes échappent assez normalement à ce chercheur, il se doit de connaître — ou du moins de faire des hypothèses sur — les caractéristiques de E et de R qui relèvent directement de sa problématique et qui dépendent aussi de l'information dont il dispose. Les tableaux 1 et 2 n'ont d'autre ambition que de signaler le type de critères devant nécessairement être pris en considération dans le choix d'un algorithme ou d'une méthode : l'existence connue ou supposée d'une structure sur E ou R, ou son absence; la nature du résultat exprimé par rapport à E, R ou E × R; la forme des données (R) disponibles; les fondements des méthodes ou algorithmes utilisés. Une telle grille (la partie supérieure des tableaux 1 et 2), complétée et portée au niveau de précision requis par les situations concrètes, peut fonctionner comme un instrument d'aide au choix raisonné d'une méthode parmi toutes celles qui s'offrent comme pouvant conduire au même type de résultat — classification, sériation, discrimination, etc. — et qui peuvent de ce fait être considérées, à tort, comme équivalentes pour la recherche.

En reprenant ce problème, et si l'on fait abstraction des éléments circonstanciels comme la compétence du chercheur, les moyens dispo-

Tableau 1: *Caractérisation par rapport à E, ensemble des objets*

	Structure définie sur E			Nature du résultat	Eléments structurels du modèle ou de l'algorithme
	Non	Hypothétique (testée par le calcul)	Connue ou présupposée (non testée par le calcul)		
Analyse de la variance		Deux ou plusieurs classes d'objets sont-elles significativement distinctes sur R ?		Hypothèse sur l'existence des classes validée ou non	Fondé sur la distribution normale des traits descriptifs (ou attributs)
Classification par analyse discriminante			Des classes étant définies par les distributions des attributs, affecter un nouvel objet à une classe	La classe à laquelle appartient le nouvel objet	Modèle normal (en général)
Analyse factorielle (composantes principales)	Non			Nuages de points dans des espaces bi ou tri-dimensionnels permettant d'appréhender visuellement les classes d'objets	Structures d'algèbre linéaire. En général modèle normal pour approximation
Classification automatique (méthode de la ressemblance moyenne)	Non			Hiérarchie de classifications (arborescence)	Bases mathématiques varient avec les différentes méthodes
Sériation (méthode de Brainerd-Robinson)	Non			Séquence des objets	Deux objets sont d'autant plus proches dans la séquence que leur ressemblance est plus grande

Tableau 2: *Caractérisation par rapport à R, l'ensemble des éléments du système descriptif*

	Structure définie sur R			Forme des données	Nature du résultat (par rapport à R)
	Non	Hypothétique (testée par le calcul)	Connue ou présupposée (non testée par le calcul)		
Analyse de la variance	Non	Distributions des attributs sont-elles significativement différentes d'une classe à l'autre ?		Choix du test lié à la forme des données	Hypothèse sur la distribution des attributs validée ou non
Classification par analyse discriminante			A quelle distribution se rattachement le plus vraisemblablement les attributs du nouvel objet ?	Comme ci-dessus; par exemple, modèle normal pour données continues	Distribution à laquelle se rattachent plus vraisemblablement les attributs du nouvel objet
Analyse factorielle (composantes principales)	Non		Voir définition du modèle (tableau 1)	Continues (en général)	Détermination des composantes principales de la matrice des corrélations
Classification automatique (méthode de la ressemblance moyenne)	Non			Continues ou discrètes (selon mode de calcul des ressemblances entre objets)	Indice de ressemblance entre classes (bases mathématiques diverses)
Sériation (méthode de Brainerd-Robinson)				Continues ou discrètes (lié au mode de calcul de la ressemblance entre objets)	Matrice des ressemblances entre objets (bases math. diverses)

nibles... le choix d'une méthode doit en toute rigueur satisfaire à deux types de critères. Les premiers, que l'on pourrait appeler *fonctionnels*, ou opératoires, dépendent de la nature des résultats visés (en termes de structures sur E, R...), de la forme sous laquelle s'expriment les données, etc. Ils ont en grande partie un aspect nécessaire et leur prise en compte est de ce fait à peu près imposée au chercheur.

Il n'en va pas de même pour les critères de type *logique* et *théorique*, dont le rôle est, pourrait-on dire, moins «mécanique» et qui passent trop souvent inaperçus alors même qu'ils retentissent de manière cruciale aussi bien sur la cohérence de l'argumentation que sur le statut scientifique des résultats. Ne pas prêter une attention suffisante aux différentes valeurs logiques (épistémiques) qui peuvent être attachées à une même structure sur E, lorsqu'elle est obtenue par des méthodes différentes, risque de ne pas faire tirer dans le raisonnement toutes les conséquences de ces diversités et de prêter aux produits des différents calculs, parce qu'ils ont la même forme (la même structure), une valeur argumentative identique, au risque de confondre l'hypothétique, l'heuristique, le corroboré. Précaution élémentaire dont on illustre plus loin (§ IV) quelques-unes des implications dans la construction du raisonnement.

Mais le choix d'une méthode de calcul conduit en toute rigueur à se poser aussi les questions de nature proprement théorique évoquées plus haut. En effet, chaque méthode s'appuie sur un certain nombre d'êtres mathématiques dont les propriétés sont liées à des conditions de validité précises. Par exemple, l'analyse factorielle classique est fondée sur les propriétés de l'algèbre linéaire et des lois de distribution normale. C'est également le modèle normal qui fonde les méthodes d'analyse de la variance. Or rien ne garantit a priori que les phénomènes dont les descriptions vont être soumises au calcul vérifient bien les conditions évoquées ci-dessus : peut-on tenir pour assuré ou peut-on raisonnablement conjecturer que les valeurs prises sur un ensemble E d'objets par l'ensemble R des descripteurs retenus sont la réalisation d'événements aléatoires indépendants et équiprobables ? C'est pourtant l'hypothèse sur laquelle se fonde le modèle normal et par voie de conséquence les méthodes d'analyse de la variance et la plupart de celles d'analyse factorielle. De la même manière, alors que les processus de Markov stationnaires sont parmi les modèles stochastiques les plus utilisés dans les sciences sociales ou en psychologie, il n'est pas trop aventureux de penser que les conditions précises qui les définissent formellement ont assez peu de chances d'être réalisées dans la plupart des situations de recherche propres à ces disciplines.

Ces questions ne semblent relever de précautions excessives que parce qu'elles sont nouvelles pour les sciences de l'homme. L'appareillage formel des sciences expérimentales n'a pas été constitué autrement, non sans grandes difficultés comme on le sait; d'extrêmes précautions sont nécessaires pour l'appliquer aux sciences de l'homme, comme y invitent les différences profondes dans la nature des phénomènes selon qu'ils relèvent des unes ou des autres, précautions qui doivent aussi être à la mesure de la faiblesse de nos connaissances fondamentales dans la sphère de l'homme et de la société. C'est dire que des réponses précises à des questions de ce type sont difficiles à donner dans la plupart des cas. Mais c'est précisément le rôle de la discussion sur l'adéquation du substrat « axiomatique » des méthodes de calcul à la nature des faits étudiés que d'ouvrir une voie d'accès vers les bases théoriques de ces domaines. Certaines disciplines se posent très précisément de telles questions — les sciences économiques par exemple. D'autres, comme la psychologie, ont conçu des protocoles expérimentaux qui permettent, dans certains cas, de satisfaire les conditions d'adéquation. Néanmoins la linguistique, particulièrement la syntaxe, est de toutes les disciplines des sciences de l'homme celle dans laquelle le contrôle des relations entre modèles formels et phénomènes empiriques a été poussé le plus loin, celle aussi dans laquelle s'est développé le soubassement théorique formel le plus spécifique. (Parmi les très nombreuses références pertinentes, Chomsky, 1961).

IV. Calcul et raisonnement en archéologie

L'examen des critères de type logique est intéressant non seulement en ce qu'il éclaire les conditions auxquelles doit satisfaire une méthode de calcul pour que ses résultats puissent être soigneusement argumentés, mais aussi parce que l'analyse du statut logique des constructions renseigne sur le problème crucial des relations forme → sens, c'est-à-dire sur l'interprétation, la portée significative des résultats formels obtenus par le calcul. D'autre part cette analyse met en lumière, au-delà de l'interdépendance évidente des divers éléments qui interviennent dans un raisonnement, la nécessité de passer à des modes d'articulation beaucoup plus précis entre les différentes catégories informatives (dont la nécessité a été signalée au début de cette note) lorsqu'il est fait appel au calcul et que sont tirées toutes les conséquences de ce recours.

La concomitance du développement de l'appareil mathématique et de la transformation des modes de raisonnement apparaît bien dans les publications (il serait à cet égard intéressant de relire les dix dernières années de «*American Antiquity*»), ainsi que la rigueur nouvelle que cette évolution n'a pas manqué d'induire dans le statut scientifique des résultats. Sur ces bases plus affermies, ce sont leurs objectifs eux-mêmes, la nature de leurs problématiques, que les disciplines archéologiques ont mis au diapason des exigences nouvelles des sciences de l'homme : par la possibilité de traitement et d'intégration d'univers informatifs de plus en plus étendus et complexes, de passer d'une archéologie de l'objet à celle des systèmes politiques, sociaux, économiques et culturels[7]. Ce thème fondamental, où l'effort de formalisation trouve sa principale justification, sera repris plus loin (§ V).

Sur le terrain plus spécifiquement logique et mathématique qui est le nôtre, il est remarquable que l'archéologie soit aussi un lieu expérimental de recherches sur la nature du raisonnement, que ce soit dans une optique assez immédiatement opératoire de simulation fonctionnelle proche de certains aspects de l'«intelligence artificielle» — dans le jargon informatique — ou encore dans une optique essentiellement cognitive où la priorité est accordée aux «modèles de connaissance». Alors, pour une problématique définie, la description du raisonnement repose sur l'analyse approfondie de la nature et du rôle de chacune des catégories d'information et la mise en lumière des fondements logiques de l'argumentation, la finalité étant moins dans ce cas d'obtenir d'un ordinateur les propositions auxquelles l'esprit humain est capable de parvenir (simulation) que de faire progresser significativement la connaissance théorique du domaine étudié[8]. Compte tenu du rôle important que les structures typologiques jouent pour l'archéologie, le problème de la formation des classes par le calcul (classification automatique) est susceptible d'éclairer les rapports entre méthodes formelles et résultats de nature archéologique.

Les classifications et leur mise à l'épreuve

Si à l'origine l'archéologie s'est surtout inspirée des méthodes de classification élaborées dans certains domaines des sciences de la nature — biologie, botanique, géologie... — elle n'a pas tardé à développer ses propres instruments typologiques où la statistique joue par

---

[7] Pour une discussion très claire de l'interdépendance des méthodes et des problématiques, on consultera avec intérêt Ginouvès (1975) et Schnapp (1974).
[8] C'est dans cette perspective que s'inscrivent les recherches conduites au Laboratoire d'Informatique pour les Sciences de l'Homme dans le cadre du projet AVEROES. Il faut souligner que cet approfondissement théorique éclaire en retour sur le rôle véritable de l'ordinateur et pose à l'informatique des questions méthodologiques nouvelles. On consultera à ce propos : Borillo, A., Borillo, M., Virbel, J., op. cit. et Borillo, M., Fariñas del Cerro, L., Virbel, J., 1976.

tradition un rôle important mais qui font aussi appel à des champs très différents comme la théorie de l'information, les réseaux ou la logique formelle (pour des références, voir par exemple Doran et Hodson, op. cit.). Il suffit ici de rappeler que le problème de la détermination de classes se pose en pratique dans des conditions très diverses et qu'au-delà du calcul il nécessite des prolongements — validation ou réitération du calcul, affectation d'un sens aux résultats, etc. — qui dépendent en particulier de l'information dont dispose le chercheur ou de celle qu'il introduit sur le mode hypothétique au moment où il formule le problème. Ainsi peut-on ordonner, du niveau le plus «pauvre» au niveau le plus «riche», les situations les plus fréquentes :

- aucune information n'est disponible a priori sur les classes ou les traits distinctifs ;
- le nombre de classes est connu ou supposé ;
- la population de chaque classe est connue ou supposée et on cherche à objectiver ces classes en mettant en évidence leurs traits distinctifs ;
- dans le cas le plus analytique, l'information porte sur les traits distinctifs eux-mêmes, dont il restera à vérifier la valeur si leur fonction est hypothétique, à tester la stabilité quand le corpus varie, à affiner si possible la valeur distinctive pour chacun d'eux.

Comme l'indiquaient les tableaux 1 et 2, chacune de ces situations peut se définir par rapport aux éléments d'une grille dont la fonction serait précisément de permettre le choix d'une méthode de calcul appropriée.

De la même manière, la nécessité de confronter les résultats formels avec des données indépendantes, c'est-à-dire avec des catégories informatives non encore mobilisées, conduit à trois types de rapprochement où les classes, définies par leur population ou par leurs traits distinctifs peuvent être :

a) Soumises à la capacité empirique de l'expert d'effectuer des diagnostics. On sait en effet que la capacité de reconnaître l'appartenance d'un objet à telle ou telle classe excède parfois largement la capacité de justification explicative que l'expert peut donner. Si le bien-fondé de ces classifications empiriques est difficile à cerner — c'est l'une des raisons du recours au calcul — leur *stabilité* peut aisément être mise en évidence. Lorsque cette stabilité s'étend à une proportion importante des experts d'un domaine déterminé, la recherche en vue d'élaborer de nouvelles propositions dans ce domaine doit tenir compte de l'une des manifestations concrètes du savoir et de la réflexion accumulés par le travail scientifique propre à la discipline. La capacité d'identification et de classement empiriques ne se limite pas, en archéologie, à la morphologie des objets. Elle peut également s'exercer sur le décor, l'iconographie, ainsi que sur les textes[9], sous leurs aspects sémantiques bien entendu, mais aussi formels, stylistiques par exemple[10].

b) La classification obtenue peut aussi être confrontée avec des éléments d'observation indépendants de ceux qui ont été mis en jeu dans le calcul. Les objets que leur homogénéité morphologique rassemble dans la même classe doivent être comparés sur les différents plans où cette homogénéité peut avoir des implications logiques «naturelles» — ce qui correspondrait à la corroboration du calcul — ou être porteuse de significations historiques, ce qui renvoie plutôt vers l'aspect interprétatif du résultat formel. On se demandera par exemple si les objets d'une même classe ont la même origine; et pour ceux dont l'origine est connue, s'ils sont associés au même matériel et s'il proviennent de la même couche ou de couches stratigraphiques correspondantes sur plusieurs sites relatifs à la même «culture»...

c) A cette comparaison avec un élément d'information procédant directement de l'observation doit être ajoutée la comparaison de *structure à structure*, dans laquelle la classification est rapprochée soit du résultat de calculs portant sur des données *indépendantes* (une typologie morphologique d'un corpus de céramiques avec la typologie du décor qu'elles portent, ou les typologies de certains artefacts qui leur sont associés par des relations de nature diverse...), soit du résultat de calcul différents appliqués aux *mêmes données*: les typologies obtenues par le traitement des mêmes éléments morphologiques à l'aide de méthodes distinctes. Les chercheurs savent à quel point ce test de la stabilité d'une classification, comme de toute autre structure, est couramment pratiqué. Le paradoxe est qu'il ne soit que très rarement mentionné. En laissant invariants tous les autres facteurs, cette expérience illustre nettement la manière dont les résultats dépendent des éléments mathématiques constitutifs des diverses méthodes utilisées

---

[9] En ethnologie, un exemple éloquent de cette capacité empirique est donné par les travaux de Propp sur le conte populaire («Les transformations du conte merveilleux» in *Theorie de la Littérature*. Le Seuil, Paris, 1965; *La Morphologie du Conte*. Gallimard, Paris, 1970) qui ont permis de justifier la typologie traditionnelle du conte populaire russe en mettant en œuvre des méthodes d'analyse «formelle» dont la consistance peut elle-même être démontrée.
[10] Dans le domaine poétique, l'un des exemples les plus célèbres est celui de l'intuition d'André Breton (*Flagrant délit*. Pauvert, Paris, 1962) démasquant un faux Rimbaud (*La chasse spirituelle*. Le Mercure de France, Paris, 1949) par ailleurs fort ressemblant.

(§ III ci-dessus). Les divergences constatées le plus souvent [11] éclairent sur la neutralité supposée de l'outillage mathématique et, partant, sur la valeur qui s'attacherait *en soi* au résultat d'une structuration mathématique des données.

Organicité du raisonnement associé à un calcul

Nous avons essayé de montrer combien le choix d'une méthode de calcul ainsi que la valeur et la portée de ses résultats sont étroitement liés aux divers éléments constitutifs du problème archéologique lui-même et comment le calcul proprement dit ne représente qu'un moment dans l'indispensable reconstruction logico-formelle de ce problème.

Rapportées à une approche qui pose le calcul dans la dialectique de ses rapports à l'unité du raisonnement, la plupart des recherches dans ce domaine laissent aisément apercevoir leurs carences: en amont, qu'il n'existe pas de données au sens strict du terme hors de la construction de représentations régulière et finalisées des phénomènes étudiés et des différentes sources qui les documentent; en aval, que tout élément structurel, que tout «modèle» formel, doit être soumis à l'épreuve de sa corroboration empirique et logique (externe et interne) avant qu'il n'acquière valeur scientifique et ne s'insère dans le champ du savoir dont il relève.

La manière dont nous avons présenté jusqu'ici les moments principaux et les caractéristiques logiques du raisonnement souligne la complexité des interdépendances dont la prise en compte s'avère nécessaire à la cohérence de l'ensemble. Peut-être cette présentation risque-t-elle néanmoins de donner une image trop statique de l'enchaînement des opérations intellectuelles, alors même que l'un des effets les plus importants du recours aux méthodes formelles est précisément de permettre au raisonnement de manifester la dynamique de son fonctionnement. Les recherches en cours sur la formalisation des «processus» cognitifs [12], qu'elles soient conduites par des mathématiciens et des

---

[11] Ces divergences devraient aussi poser au mathématicien des problèmes intéressants d'où pourrait émerger à son tour une meilleure connaissance du substrat théorique de certaines disciplines des sciences de l'homme. Pour l'une des rares discussions sur ce thème voir Jaulin, B. (1970).

[12] On opposera dans ce domaine les recherches où, comme dans le projet AVEROES, l'objectif est d'élucider les structures propres à un champ scientifique bien délimité et attesté dans la réalité de la pratique scientifique du domaine choisi (le commerce maritime antique en Méditerranée Occidentale), de celles dont l'ambition plus générale — la logique du «langage naturel», l'organisation de l'espace, etc. — ne prend réelle-

logiciens, des linguistes et des psychologues, ou d'autres chercheurs s'interrogeant sur le statut scientifique de leurs disciplines, montrent la difficulté qu'il y a à saisir la réalité empirique de ces «processus» et a fortiori à en élaborer une formalisation. De ce point de vue, l'informatique est susceptible d'apporter une contribution importante et peut-être décisive, non seulement en tant que support technologique expérimental, mais surtout par l'aptitude de son appareil méthodologique à représenter et traiter les structures combinatoires et récursives où se condensent, sur le plan formel, les aspects essentiels des «processus» cognitifs. Bien qu'elles n'aient guère dépassé un stade préliminaire, ces recherches suffisent à montrer que les caractéristiques principales du raisonnement, telles qu'elles se précisent dans sa formalisation, traduisent bien sa nature dynamique et interactive. Ainsi le calcul apparaît-il dans son véritable rapport au raisonnement: son introduction conduit de proche en proche à s'interroger sur le raisonnement dans les termes d'un véritable problème théorique; en retour, le calcul se définit dans son véritable rôle et aussi dans ses véritables limites, articulé par des liens nécessaires à une construction logique globale hors de laquelle s'évanouissent, à l'insu même du chercheur, ses fonctions cognitives et sa valeur scientifique.

Sans revenir sur ce cadre théorique indispensable à la critique des bouleversement que la mathématique et l'informatique introduisent dans les fondements et dans la pratique de la recherche pour les sciences de l'homme, nous tenterons à travers un exemple d'illustrer la complexité des interactions qui lient les différents éléments constitutifs du raisonnement.

Soit une question très récurrente parmi celles qui introduisent en archéologie des problèmes de calcul. Un corpus d'objets E étant délimité, pour lequel un système descriptif R_1 (morphologie par exemple) a été construit, l'archéologue s'interroge sur une classification qu'il perçoit empiriquement et qui partitionne E en sous-ensembles «homogènes» du point de vue morphologique. L'hypothèse concerne l'existence et l'objectivité de classes sur E définies au préalable par la liste

---

ment en compte que des segments de l'univers empirique de référence, segments dont la caractéristique principale est d'être déjà, du fait même de leur sélection arbitraire, proches de l'univers formel — structures logiques, langages formels, langages de programmation — dont il ne reste alors au mathématicien et à l'informaticien qu'à développer la théorie intrinsèque, sans rapport réel avec quelque univers empirique significatif que ce soit. Les recherches du premier type ont pour objectif l'approfondissement théorique du domaine étudié. Mais par la manière dont elles traduisent de nouvelles problématiques empiriques, elles sont susceptibles d'ouvrir également des recherches formelles de type nouveau.

des objets que l'archéologue affecte à chacune d'elles. Si l'on se réfère aux méthodes données dans les tableaux 1 et 2, l'analyse de la variance est l'une de celles qui sont fonctionnellement adéquates à la question posée. Il resterait à se demander si les conditions théoriques de validité sont elles aussi satisfaites. Supposons que ce soit le cas, ou du moins que l'on fasse cette hypothèse. L'examen alternatif des résultats possibles esquisse le système de confrontations, conclusions provisoires, réitération des phases de description et de calcul... qui articule résultats formels et propositions historiques.

Le schéma que l'on trouvera ci-dessous introduit successivement trois types de mises à l'épreuve : interne à la sphère du calcul; par référence à l'expérience et aux possibilités empiriques de l'archéologue; par confrontation avec les autres catégories d'information qui entrent dans le champ du problème historique.

a. Supposons l'hypothèse vérifiée. Il existe une différence statistiquement significative dans la distribution de certains traits descriptifs selon les classes, c'est-à-dire un sous-ensemble de traits distinctifs pour chaque classe.

a.a. Mise à l'épreuve interne. Il ne s'agit pas de vérifier la correction des calculs, qui est supposée acquise, mais d'examiner certaines caractéristiques des résultats qui fondent leur valeur théorique, comme par exemple leur stabilité ou leur valeur prédictive.

On pourrait imaginer dans cet exemple plusieurs types d'épreuves :

i. En faisant varier la population qui constitue E (tout en respectant bien entendu les critères d'appartenance au corpus), vérifier à quelles conditions se conservent les traits distinctifs de chaque classe.

i.i. Même question, mais en utilisant diverses méthodes de calcul ayant les mêmes caractéristiques « fonctionnelles » et le cas échéant des caractéristiques axiomatiques différentes.

i.i.i. Tester les capacités de diagnostic des traits distinctifs en les utilisant pour affecter à chacune des classes de nouveaux objets appartenant au corpus et non encore inclus dans E; comparer le résultat avec les capacités empiriques de l'archéologue (voir ci-dessous *a.b.*).

Selon les résultats de chacune de ces épreuves, le chercheur sera confronté à une situation qui appelle des recours différents. L'exploration des chaînes de décisions et d'opérations qu'ouvrent ces alternatives sollicite nécessairement les deux types suivants de confrontations (points *a.b.* et *a.c.*).

a.b. Confrontation avec l'expérience empirique du spécialiste. Sous réserve d'avoir satisfait aux épreuves envisagées en *a.a.*, la description par R_1 et le calcul portent sur le plan de l'explicite et du régulier une classification jusque-là purement intuitive. Dans ce cas du figure, résultats de calcul et expérience du spécialiste se confortent mutuellement pour ce qui est de l'existence des classes, fondant ainsi le concept typologique.

Mais le calcul fait apparaître une connaissance nouvelle — non spécifiée dans la formulation de l'hypothèse — concernant les traits distinctifs. Ceux-ci peuvent être à leur tour soumis à une confrontation avec l'expérience de l'archéologue.

a.b.a. Ou elle coïncide, c'est-à-dire que les traits distinctifs sont aussi reconnus comme tels par l'expert et le rôle des traits comme l'existence des classes peuvent légitimement être exploités dans toute argumentation qui mobilise la structure morphologique de E pour aboutir à une proposition historique.

a.b.b. Ou elle ne coïncide pas et il faut alors tenter d'expliciter les divergences, ce qui suppose que l'archéologue est capable de définir par rapport à R_1 ses propres traits distinctifs.

i. Si c'est le cas, le recours à un nouveau calcul, de type différent sur le plan fonctionnel (par exemple, de classification par discrimination) permet le cas échéant de vérifier que les traits distinctifs du spécialiste fondent bien les classes sur E. Le nouveau calcul, qui correspond en fait à une nouvelle hypothèse renvoie vers le point *a* ci-dessus ou *b* ci-après.

i.i. Si ce n'est pas le cas, si l'expert ne peut définir par rapport à R_1 des traits qui lui semblent distinctifs (et qui ne sont pas, rappelons-le, ceux que le calcul a mis en évidence), il devient nécessaire de tenter de construire un nouveau système descriptif, R_2, qui ait cette aptitude.

Si c'est *possible*, les données — les représentations des objets dans R_2 — seront alors différentes. Le calcul initial devra être recommencé avec ces nouvelles données et l'on est renvoyé au point *a* ci-dessus ou *b* ci-après.

Si la définition d'un système de représentation permettant d'expliciter les intuitions de l'archéologue est *impossible*, le raisonnement retient seulement le constat de non-acceptabilité par l'archéologue des traits que le calcul a donnés pour distinctifs. Il restera donc :

- A vérifier les calculs, le cas échéant à les reprendre avec de nouvelles méthodes vérifiant les critères fonctionnels et si possible théoriques, découlant de la nature du problème et de l'information (point *a.a.* ci-dessus).

- Dans le cas d'un nouvel échec, à mettre en question le cadre structurel et historique (logique et sémantique) dans lequel s'inscrit le calcul: le corpus E, les classes données a priori, etc.

a.c. Confrontation avec des catégories d'information indépendantes.
Avant d'en venir au «stop» défini ci-dessus (la mise en question du problème lui-même), et à partir du point *a.a.*, la confrontation des résultats du calcul avec un type d'information différent de la connaissance empirique de l'expert est indispensable. Il s'agit des catégories d'information définies au moment où a été arrêtée la stratégie de la recherche (§ 1), qui sont indépendantes de l'information mise en jeu dans le calcul et pertinentes pour le problème taxinomique posé. Les modalités de telles confrontations ont été définies plus haut et bien que leurs implications logiques soient dans la réalité difficilement séparables de leurs aspects sémantiques, nous distinguerons ces deux composantes par souci de ne pas confondre les fonctions de *«corroboration»* et d'*«interprétation»* attachées à ces confrontations.

a.c.a. Corroboration (aspects logiques). Nous pourrions reprendre dans cette rubrique les alternatives soulevées en *a.b.a.* et *a.b.b*, étant entendu que la diversité des comparaisons qui sont maintenant envisageables — matériel, couches stratigraphiques et lieux d'origine associables aux différents objets, mais aussi typologies correspondantes le cas échéant, etc. — ouvre des possibilités multiples de se mouvoir sur le graphe des opérations et des alternatives. Ces cheminements comprennent des circuits, comme des exemples en ont été donnés. Et il peut arriver aussi que la conjonction de certaines contradictions mette en question le cadre formel (système descriptif, structures taxinomiques) mais aussi historique du problème.

La combinaison des alternatives ouvertes par les multiples confrontations qu'appelle la richesse habituelle des problèmes historiques tend à rendre inmaîtrisable le schéma du raisonnement (d'où l'intérêt des modèles informatiques de «représentation des connaissances»), ce qui soulève, parmi d'autres questions, celle de la détermination des catégories d'information pertinentes. D'autre part, il peut arriver que les confrontations ne donnent pas des résultats absolument convergents. Devant des problèmes de ce type, deux voies s'offrent au chercheur: une voie *théorique*, qui consiste à se référer à l'un des cadres épistémologiques existants[13] pour tenter de justifier en toute rigueur ses conclu-

---

[13] On sait que la mise à l'épreuve des théories constitue l'une des principales lignes de clivage entre les différents courants de ce qu'il est convenu d'appeler la philosophie analytique. Voir par exemple les positions de Popper (Popper, 1963) relativement à celles de Carnap.

sions; une voie *pragmatique*, qui consiste à trancher dans la combinatoire en privilégiant parmi les confrontations pertinentes celles auxquelles on a des raisons d'attacher des valeurs décisives de corroboration. Ce choix peut procéder aussi bien de la confiance que l'on accorde à chaque catégorie d'information que de la nature des relations connues ou supposées entre elles (morphologie/décor, morphologie/origine, morphologie/traces de contenu, origine/traces de contenu, etc.).

Ce dernier point est capital car les calculs et constructions formelles étant en dernière instance justifiés par des problèmes historiques particuliers, il est normal que leur mise à l'épreuve sollicite les catégories d'information attachées à ces problèmes selon des modalités qui tiennent compte de l'importance et de la vraisemblance que l'historien leur connaît ou leur attribue, en prévoyant la critique de ces éventuelles suppositions mais sans attendre que logiciens et épistémologues aient résolu les questions théoriques liées à la nature des constructions formelles.

a.c.b. Interprétation (aspects sémantiques). Il peut arriver que des questions soient formulées de telle façon que le calcul leur apporte une réponse directe. Dans la situation décrite au point *a.b.* l'existence de classes sur E est considérée comme acquise (corroborée) et l'archéologue peut alors s'appuyer sur ce résultat structurel pour développer des argumentations l'associant à telle ou telle autre catégorie d'information et susceptibles de lui affecter un sens proprement historique. Ainsi passe-t-on de la typologie des formes à des propositions sur le commerce maritime. Dans ce cas, les aspects logiques et sémantiques du raisonnement sont relativement distingués.

Dans les situations moins simples, par exemple celles définies aux points *a.b.b.* et *a.c.*, qui sont aussi les plus fréquentes dans les conditions réelles de la recherche, les effets de corroboration et d'interprétation sont le plus souvent superposés. Certains traits morphologiques donnés par le calcul comme distinctifs de chaque classe se trouvent confirmés dans cette fonction par des propositions relatives à la technologie, qui sont liées elles-mêmes à la nature du matériau: la corroboration s'accompagne de la mise en relation de la morphologie avec les procédés de fabrication, puis avec les matériaux et par ce biais, grâce aux analyses physico-chimiques pratiquées aujourd'hui, avec les lieux d'origine dont les productions connues par ailleurs — vins, huile, etc. — signalent la nature *possible* des marchandises contenues dans les amphores.

L'enrichissement sémantique est la forme caractéristique de la démarche interprétative; elle conduit ici à associer, à travers un certain nombre de relais, des éléments de géographie économique à des concepts typologiques, les uns et les autres étant par ailleurs chronologiquement définis. Si la typologie s'enrichit ainsi de significations historiques, la mise en correspondance d'univers aussi distincts ne saurait elle-même être laissée à l'arbitraire. Sous peine d'incohérence, des contraintes précises doivent être respectées, qui sont le pendant dans ce retour au sens (qui comporte un retour à l'empirique) des précautions qui avaient été nécessaires pour former les premières représentations symboliques, les données, à partir des observations empiriques et de la connaissance qui leur était attachée. Cette question se rattache évidemment à un problème dont les logiciens connaissent la difficulté et qui est celui de l'interprétation des systèmes formels. Mais dans ce cas comme dans celui de la corroboration des théories, les conditions de la recherche concrète permettent parfois de trouver des solutions satisfaisantes là où les théoriciens n'ont pas réussi à régler les problèmes dans toute leur généralité.

Arrêtons ici l'esquisse du raisonnement tel qu'il pourrait se développer à partir de la situation initiale définie plus haut (point a: le calcul vérifie l'hypothèse), en remarquant que la trame des parcours possibles apparaît bien comme une organisation arborescente sur laquelle le jeu des confrontations et des mises à l'épreuve successives se manifesterait par des retours en arrière refermant des cycles, chaque parcours étant marqué par son gain informatif (Picard, 1965).

Soit maintenant l'alternative de la situation définie au point a.

b. L'hypothèse n'est pas vérifiée. Le calcul indique qu'il n'y a pas de différence significative dans la distribution des traits selon les classes et par conséquent que le calcul ne confirme pas l'hypothèse. On ne reprendra pas une discussion où se retrouveraient, dans des contextes logiques différents, les principaux éléments introduits à partir du point a. Surtout, les remarques de portée plus générale seraient les mêmes.

V. Pourquoi tenter d'aller vers la formalisation des sciences de l'homme?

Quelques pages ne peuvent suffire à analyser les difficultés de toute sorte que soulève pour les sciences de l'homme le recours au calcul, du moins lorsque sont envisagées les conditions auxquelles il faut satisfaire pour lui donner sa véritable portée scientifique. Les problèmes sont aussi bien de nature opératoire que tout à fait fondamentaux, sans qu'il y ait une séparation nette entre ces différents niveaux puisqu'une réflexion préliminaire comme celle-ci suffit à montrer comment le calcul impose que de proche en proche les différentes opérations du raisonnement satisfassent, elles aussi, séparément et considérées dans leur unité organique, à des critères de rigueur de l'ordre de ceux qui fondent le calcul proprement dit. Il serait absurde de prendre cette observation à la lettre et de prétendre qu'il n'y a d'activité scientifique que sur des bases formelles. Outre que la remarque faite au sujet de la stabilité *vérifiable* des jugements empiriques suffit à suggérer la multiplicité possible des attitudes scientifiques, du moins au niveau de l'observation et de l'exploration des univers empiriques, la construction de théories peut elle-même, dans certains cas, faire en partie l'économie de la formalisation. Des exemples attestent la possibilité de parvenir à des résultats rigoureux par le moyen d'argumentations qui pour être traditionnelles n'en résistent pas moins à l'épreuve de la critique scientifique. L'un des cas les plus célèbres est celui de la philologie comparative qui a élaboré dès le XIXe siècle un certain nombre de «lois» susceptibles d'être mises à l'épreuve et rendant compte de manière cohérente des correspondances systématiques entre les sons de mots équivalents des différentes langues indo-européennes[14]. A l'inverse, il serait cruel de souligner l'inconstance logique d'une bonne partie des travaux conduits depuis quelques années dans les sciences de l'homme à grand renfort d'ordinateurs. C'est dire que la formalisation et le calcul ne sont en aucune façon une garantie de rigueur et que leur intérêt scientifique dépend strictement de la manière dont ils sont insérés dans un cadre théorique approprié. Refuser une position qui serait favorable a priori en vertu des préjugés naïfs du moment c'est par conséquent s'interroger sur les raisons pour lesquelles l'avenir des sciences de l'homme pourrait être en partie lié à l'approche formelle. Une question aussi démesurée appellerait une discussion dont des éléments essentiels ont été donnés ailleurs (Granger, 1960) et qu'il est inutile de reprendre. Notre expérience pratique et les recherches conduites dans ce domaine depuis quelques années par le *Laboratoire d'Informatique pour les Sciences de l'Homme* suggèrent toutefois un certain nombre de remarques, qui peuvent également être d'ordre extra-scientifique. Nous les présentons de manière succincte mais en essayant de cerner systématiquement les principaux points de vue sous lesquels pourraient s'éclairer les rapports entre sciences de l'homme et formalisation.

---

[14] Pour une présentation des principales étapes de la pensée scientifique en linguistique, on consultera par exemple Lyons (1968).

1. En l'état actuel de la recherche, les aspect les mieux perçus sont ceux qui concernent le *statut* de la connaissance, car s'il est vrai qu'un savoir rigoureux peut s'obtenir par des moyens qui ne doivent rien au jeu formel, il n'en reste pas moins que:

a) le passage à une expression formelle de tout ou partie des éléments constitutifs d'un problème est une contrainte qui implique plus de rigueur dans l'analyse des phénomènes empiriques comme dans la conduite des raisonnements; de plus, ces raisonnements peuvent, techniquement, être portés à des niveaux supérieurs de complexité comme on peut le voir par exemple au paragraphe précédent;

b) la formalisation permet la construction de théories plus «puissantes». La démarche scientifique vise à traduire en «lois» les associations, les correspondances, les régularités... observables au niveau empirique. Lorsque la représentation de l'univers empirique étudié s'obtient au moyen de systèmes symboliques réglés et lorsque le raisonnement s'appuie sur les ressources logiques, formelles, du calcul, le repérage des régularités s'exerce sur des univers plus vastes et l'ensemble des «lois» s'organise selon des structures plus générales, à des niveaux d'abstraction plus élevés. Les exemples de construction de théories plus puissantes, dans cette double acception, sont nombreuses pour les sciences de la nature. Mais la théorie de la syntaxe des langues naturelles offre déjà des exemples significatifs[15] dans l'ordre des sciences de l'homme. Dans le même ordre d'idées on peut citer la manitère dont Lukasiewicz a inséré la syllogistique d'Aristote, en la formalisant, dans une construction de portée plus générale et de systématicité plus complète (Lukasiewicz, 1972);

c) la théorie d'un univers est en tant que système formel susceptible de recevoir des développements formels internes exprimant ses potentialités structurelles, ce que l'on pourrait appeler ses «théorèmes». De tels développements présentent le cas échéant un intérêt intrinsèque, d'ordre logique ou mathématique. Ils peuvent alors ouvrir de nouveaux domaines de recherches formelles. Mais ils offrent aussi la possibilité d'accéder dans certains cas à une meilleure connaissance des phénomènes empiriques (par la prédiction par exemple) et se prêter à des corroborations nouvelles. En tout état de cause, il importe de distin-

---

[15] L'effort principal des linguistes nord-américains a porté pendant une quinzaine d'années sur l'exploration des limites de la «théorie standard» (ou de ses états successifs) dont on montre soit qu'elle peut couvrir le même champ empirique avec moins de présupposés et d'appareillage formels, soit que sa portée peut être étendue moyennant l'exploitation de certaines de ses clauses dont l'importance n'a pas encore été complètement perçue. Parmi de nombreuses publications, Chomsky (1970).

guer les deux plans sur lesquels de telles propositions ont une valeur de connaissance : sur le plan formel, comme pour nombre de théorèmes d'économie ou de psychologie mathématiques; sur le plan empirique, mais seulement lorsque les règles de mise en correspondance des phénomènes empiriques et de leurs diverses représentations symboliques ont été respectées — dans les phases de description, de confrontation, d'interprétation;

d) les problèmes d'«adéquation axiomatique» des méthodes mathématiques à la nature profonde des faits étudiés — adéquation entendue au sens du § III — sont cruciaux pour une réflexion sur le statut scientifique des sciences de l'homme. En fait, dans la mesure où ces questions concernent l'indépendance, l'associativité, la linéarité... des phénomènes ou de tel ou tel de leurs aspects, ou de telle ou telle de leurs conditions de réalisation, elles ne sont rien d'autre que la voie d'accès à une compréhension en profondeur de la nature réelle de cet univers. On ne saurait dire qu'une attention considérable ait été portée jusqu'ici à ces difficultés, qui sont aussi des promesses. Il reste qu'elles sont inaccessibles, et pour certaines proprement inconcevables, dans toute approche autre que formelle.

Sur le plan formel, la «puissance» (ci-dessus, *b*) et la «fécondité» (ci-dessus, *c*) des théories sont évidemment liées; elles le sont aussi, bien que dans des termes différents, dans leurs rapports à l'empirique. Dans ce cas, l'adéquation évoquée plus haut (*d*) doit jouer un rôle central. De telles questions sont peut-être prématurées au stade actuel de la recherche dans les sciences de l'homme. Mais que l'on songe aux difficultés théoriques auxquelles se heurtent aujourd'hui la physique ou la biologie et s'il n'y a aucune raison de supposer les sciences de l'homme moins complexes que les sciences de la nature, alors ces préoccupations se trouvent non seulement justifiées mais rendues inévitables pour que puissent être posées les bases de la connaissance dans ce qu'il est convenu d'appeler les sciences de l'homme.

2. Le recours aux méthodes formelles peut également être justifié par ses incidences sur la problématique des disciplines concernées, non plus au sens abstrait évoqué ci-dessus mais du point de vue de leurs *contenus*, c'est-à-dire des différents types de phénomènes qu'elles considèrent, des catégories d'information qu'elles rapprochent et organisent dans des constructions de structure unitaire. La question est de savoir comment la formalisation modifie la coupe de l'univers empirique qui est caractéristique de chaque discipline. L'extrême diversité des domaines — des coupes — possibles rend difficile toute réponse générale, d'autant que le recours au calcul a porté le plus souvent jusqu'ici sur des contenus traditionnels. De ce fait, si ces expériences

ont été utiles pour éclairer les questions relatives au statut scientifique, elles ont peu apporté sur le plan thématique. L'importance du problème, son enjeu véritable, n'est rien de moins que la perspective d'un découpage nouveau du champ du savoir, qui serait en fait basé sur la nécessité et la possibilité d'une intégration tendant à saisir des segments de plus en plus étendus et complexes, de plus en plus significatifs de la réalité. Le rôle de la formalisation s'envisage de deux manières.

a) L'aptitude fonctionnelle des méthodes formelles à saisir, représenter, ordonner l'information dans son extension et dans sa complexité permet de réaliser l'agrégation d'informations correspondant à des classes de phénomènes distincts mais susceptibles de trouver dans leur association une portée significative plus riche[16]. Ainsi la réduction des phénomènes, inhérente à leur représentation réglée, devient-elle par un détour paradoxal la condition qui permet de transcender en pratique aussi bien que sur le plan théorique le découpage en catégories séparées et trop souvent étanches propre aux problématiques traditionnelles.

Mais si les méthodes formelles constituent le moyen concret d'appréhender la dimension transdisciplinaire des phénomènes réels, l'analyse de domaines empiriques «complets» ne manque pas, en retour, d'induire des modifications sur les présupposés méthodologiques et théoriques initiaux. De fait, c'est ce que l'on observe dans les cas très rares où de telles études ont été menées[17].

[16] Par exemple, l'analyse des «processus» de croissance urbaine ne peut-elle dépasser les découpages qui ont privilégié, au gré des modes et des idéologies, tel ou tel de ses aspects et prendre simultanément en compte les facteurs physiques, fonctionnels, économiques, réglementaires, historiques... par l'analyse de l'ensemble des «documents» (textes, plans, comportements, stratégies financières et politiques...) que leur représentation symbolique rend effectivement comparables et intégrables au sein d'un même raisonnement (cf. les travaux du *Groupe pour l'Analyse des Organisations Urbaines et Territoriales*: Cheylan, Chiavari, Donati, Jervis). Un processus intégratif du même type, permettant de traiter simultanément représentation des artefacts, des structures d'habitation, des configurations spatiales, des caractéristiques naturelles du site, du climat... permet de passer d'une archéologie de l'objet à celle des systèmes sociaux, culturels, économiques (Fouille du Pr. Soudsky à Bilany (Tchécoslovaquie) et avec le Centre d'Etudes Protohistoriques de Paris I, à Cuiry-les-Chaudardes, Aisne).
[17] L'analyse des propriétés syntaxiques des verbes du français, conduite systématiquement au *Laboratoire d'Automatique Documentaire et Linguistique* sur les bases de la théorie générative-transformationnelle (7.000 verbes à ce jour) a permis de rassembler une somme d'observation systématiques à partir desquelles un certain nombre d'éléments théoriques ont dû être modifiés pour parvenir à une meilleure adéquation à la réalité des faits empiriques dans leur véritable extension. Comme le souligne le Pr. Gross, ceci correspond au passage d'une grammaire d'exemples à une grammaire de la langue.

b) Il est vraisemblable que la modification des problématiques, du point de vue de l'extension et de la richesse de leurs contenus, est non seulement liée aux aspects fonctionnels des méthodes formelles évoqués ci-dessus mais aussi, de manière directe, à la *nature théorique* des constructions.

Bien que ce rapport soit difficile à saisir, les remarques faites précédemment sur l'articulation des problèmes de corroboration et d'interprétation signalent comment les éléments sémantiques d'une proposition peuvent être liés à son statut logique. D'autre part, par son aspect abstrait, structurel, toute théorie est potentiellement susceptible d'être associée à des univers empiriques distincts, dont elle fonderait ainsi l'unicité structurelle[18].

Cette capacité intégrative qui est consubstantielle au travail scientifique a été évoquée à propos de la «puissance» des théories. Elle constitue certainement le substrat interne le plus sûr d'une transdisciplinarité à venir comme on le voit avec le développement de la «recherche cognitive».

3. L'impact des méthodes formelles sur les sciences de l'homme se manifeste enfin dans la *pratique* de la recherche et de manière d'autant plus éclatante que les changements qui ont affecté les sciences de la nature à l'échelle des siècles sont en train de trouver leur équivalent à l'échelle décennale pour les sciences de l'homme. Tout ayant été dit, ou presque, il suffit de rappeler les points les plus importants.

a) Sous l'angle *technique*, les problèmes sont ceux de la mise en œuvre opératoire des méthodes et des approches théoriques évoquées plus haut. Leur incidence pratique est celle des modes d'organisation que ces techniques vont induire; et celle des moyens de tous ordres — mais en dernière instance financiers et humains, comme le savoir — qu'il faudra mobiliser pour les mettre en œuvre.

b) Du point de vue social et institutionnel, il est certain que la production scientifique acquiert rapidement une dimension collective qui s'oppose à l'aspect individuel, à l'autonomie érudite du savant qui a prédominé jusqu'ici. Si les techniques ne peuvent être mises en œuvre qu'en prenant appui sur une infrastructure collective — centres de calcul, laboratoires d'analyse, etc. — la nature de la problématique, dont on a montré combien elle était liée aux méthodes et à leurs présupposés théoriques, renvoie elle-même à la notion d'équipe: des

---

[18] Voir à ce sujet la démarche par laquelle Propp fonde l'unicité de certains types de contes populaires correspondant à des catégories traditionnelles empiriques (Propp, op. cit.).

amphores au commerce maritime, en s'appuyant sur l'histoire des technologies agricoles, manufacturières, navales, comptables... L'interdisciplinarité a une double composante, *thématique* comme on vient de l'indiquer, mais aussi *méthodologique* car la formalisation convoquera aussi bien le sémiologue que le mathématicien, le logicien et l'informaticien.

c) Ce serait négliger la dialectique de l'individuel et du collectif dans l'acte de réflexion et de création que d'inscrire la fin du savant dans cette évolution même si, à l'image de ce qui se passe déjà dans les domaines où les effets de l'évolution technique sont le plus clairement lisibles, la sanction sociale — en termes de «pouvoir» — aussi bien que la gratification psychologique de l'individu se trouvent assez sensiblement modifiées. En effet, vue de l'extérieur, l'équipe apparaît de plus en plus comme responsable collectivement de son œuvre. Ce qui n'exclut pas, à l'expérience, que la diversité des rôles individuels, loin de se trouver gommée, s'exalte à la multiplicité des savoirs et des démarches qu'elle confronte.

d) Une autre illusion serait de penser que les techniques informatiques instaurent d'elles-mêmes le libre accès du chercheur à l'information scientifique. Des enjeux de tout ordre rendent le problème infiniment plus complexe. Mais la nouveauté essentielle réside dans ce que, pour la première fois, la technique permettrait d'atteindre cet objectif et que, de ce fait, elle pose concrètement le problème.

e) Parmi d'autres facteurs, l'accès aux «bases de données» dépend de la compétence technique du chercheur, ce qui suppose une formation technique élémentaire, du moins s'il entend se limiter au rôle d'utilisateur. Mais puisque le recours à la technique ne trouve sa pleine signification que dans une perspective théorique précise et par référence à une épistémologie réellement scientifique, ce recours tehnologique pourrait avoir des répercutions fondamentales sur les sciences de l'homme, dans le domaine de la recherche d'abord puis, avec les délais corporatifs de rigueur, dans celui de leur enseignement. Autant dire qu'elles deviendraient alors «difficiles», comme peut l'être le passage de la réthorique au «calcul», cependant que la nature même de cette transformation rapprocherait chercheurs des sciences de la nature et chercheurs des sciences de l'homme dans la quête d'une convergence épistémologique à l'intérieur de la sphère de la connaissance scientifique[19].

---

[19] Dans le sens, peut-être, de la vaste réflexion d'un Edgar Morin (1978).

f) Pour les raisons qu précèdent, les sciences de l'homme «difficiles» seront des sciences de l'homme chères, en termes de mobilisation intellectuelle comme en termes financiers. Pourquoi la société y consentirait-elle ? Cette question exige que l'on s'interroge sur ce que pourrait être leur rôle.

4. Prendre en considération le *rôle* éventuel des sciences de l'homme est d'autant plus nécessaire que dans l'esquisse proposée ici comme dans la plupart des analyses de ce genre les raisons invoquées pour justifier le recours au calcul et à la formalisation se rattachent en général à des critères de rigueur et de cohérence, par conséquent à des arguments internes au champ de la science. On peut douter que la seule préoccupation de vérité suffise à faire accepter les prix qu'il faudrait payer pour édifier d'éventuelles sciences de l'homme.

Pour mesurer l'importance des enjeux il suffit de songer à ce que pourrait être leur fonction lorsque, dotées d'un statut théorique convenable, elles entretiendraient avec leur univers empirique de référence — économique, politique, social, psychologique... — les relations propres à une science. Bien qu'on ne puisse prêter a priori à ces relations théorique ↔ empirique les mêmes caractéristiques qu'aux relations entre physique théorique et physique expérimentale par exemple, un tel rapprochement suffit à indiquer que les sciences de l'homme ne se développeront pas seulement en vertu de leur dynamique scientifique propre. Leur problématique, comme on le voit déjà, est sensible au contexte (que l'on songe au développement très rapide, ces dernières années, des études sur le phénomène urbain ou l'emploi) et cette sensibilité ne pourra que s'accentuer au fur et à mesure qu'elles entretiendront avec le monde empirique des rapports plus précis.

En tenant compte des interdépendances signalées dans les paragraphes précédents, l'approche formelle des sciences de l'homme s'éclaire lorsqu'on la rapporte à la fois à leur statut, leur problématique, leur pratique et leur rôle, les méthodes formelles tissant entre ces différents plans des liens particuliers et à maints égards nouveaux, qui tendent à renforcer aussi bien l'unité théorique et épistémologique de l'activité scientifique que la force de son insertion et de son impact social.

Chapitre 2
Stratégies de mise à l'épreuve de conjectures historiques

I. Introduction

Dans la perspective de l'épigraphie latine, toute inscription est un document littéraire et archéologique dont la fonction essentielle est de servir à l'histoire. En tant que document littéraire, l'inscription est d'abord l'objet d'une *lecture* qui n'est rien d'autre, sous certaines conditions, que l'identification signe à signe des éléments composant le texte; ensuite intervient l'*interprétation*, par laquelle l'épigraphiste passe de la lecture à la compréhension et dont l'unité est le mot. En tant que production d'une culture matérielle déterminée, l'inscription est aussi un document archéologique, que ce soit par la facture des signes (paléographie), les caractéristiques de son support, son origine, son histoire jusqu'au moment de sa découverte, etc. (cf. Section I, Chap. 1).

Les inscriptions latines sont rassemblées en un *Corpus des Inscriptions Latines* (C.I.L.) dont l'utilisation rationnelle, dans la visée documentaire, suppose l'élaboration d'un certain nombre d'instruments linguistiques, sémiologiques et informatiques permettant d'extraire et de représenter l'information sont les inscriptions sont porteuses, dans des conditions de *régularité* qui autorisent son exploitation automatique (Janon, Virbel, 1972).

Le travail qui est présenté ici a pour objet de contribuer à l'exploration des relations complexes qui lient l'introduction des méthodes formelles et la rigueur du raisonnement dans certaines disciplines historiques. Nous nous sommes attachés en particulier à mettre en évidence le rôle du système de représentation, ou système descriptif (§ II), et celui du calcul dans la découverte et la vérification d'hypothèses historiques (§ III).

Il s'agissait à l'origine d'une tentative d'objectivation de certains critères sur lesquels l'épigraphiste et l'historien s'appuient pour conjecturer la date d'inscriptions non datées. Au terme d'une exploration *préliminaire*, le choix d'un corpus *expérimental* s'est circonscrit à un échantillon limité (59) d'inscriptions funéraires de vétérans d'Afrique du Nord.

Un premier système descriptif (système descriptif I, Annexe I) a été mis au point, comportant 51 caractérisations dont certaines peuvent prendre des valeurs multiples. L'examen de la grille descriptive obtenue pour le corpus considéré à l'aide de ce système descriptif a conduit à envisager la mise au point d'un second système descriptif (système descriptif II, Annexe II) comportant 15 variables seulement, et c'est sur la base de la deuxième grille, obtenue à partir de ce second système qu'ont ensuite été effectués divers calculs.

Les calculs ont tout d'abord consisté à vérifier si une *sériation* des objets obtenue par une série d'opérations explicites (un algorithme) exprimées sous forme d'un programme, présentait un ordre compatible avec les données chronologiques connues par ailleurs à propos de certains objets du corpus. Les résultats de cette confrontation furent négatifs de ce point de vue, en ce sens qu'ils firent apparaître une incompatibilité entre une interprétation chronologique de la sériation et ces données (l'ordre de la série ne pouvant être, sans contradiction, l'ordre temporel), mais ils firent apparaître, en revanche, un phénomène qui n'avait pas été initialement pris en considération : la séquence obtenue groupe de manière très compacte les objets en fonction de leur origine géographique (en termes de Province). Une interprétation provisoire *possible* est donc que le phénomène spatial «oblitère» en quelque sorte le phénomène temporel, ce qui est d'autant plus prévisible que le phénomène spatial est *aussi* un phénomène temporel. Le projet initial se trouve ainsi élargi — ou du moins, mieux spécifié — et devient une hypothèse assez complexe qu'il s'agit de vérifier.

Une première contribution à cette vérification a été ensuite apportée par deux types de calculs. D'une part, on a cherché à établir que les groupes d'objets fondés sur l'appartenance provinciale se distinguent effectivement de manière significative les uns des autres. A cette fin a été utilisé un programme fondé sur les principes de l'analyse discriminante. D'autre part, on a cherché à établir, en reprenant l'hypothèse initiale mais corrigée par ces observations, si l'homologie entre l'ordre établi par la sériation et les données chronologiques était observable non plus au niveau du corpus global, mais région par région. A cette fin, le même algorithme de sériation a été utilisé à propos de la seule province pour laquelle les données chronologiques sont suffisantes pour autoriser une vérification (en l'occurrence, la Numidie).

II. La sélection et l'analyse préalable des données épigraphiques dans la vérification des hypothèses

1. *Sur les critères de sélection du corpus expérimental*

a) Les critères énoncés contribuent à définir un corpus relativement homogène quant à la localisation, les actants, le type stylistique, l'occasion sociale; cette homogénéité a elle-même pour fonction de réduire le degré de variabilité des phénomènes que l'on cherche à isoler (chronologie), en tentant, empiriquement, d'éliminer ou de contrôler un grand nombre des causes de variation possibles autres que le temps.

b) Les critères retenus sont suffisamment précisés pour qu'ils puissent faire l'objet d'une recherche automatique à l'aide du système de consultation SYCIL (Chouraqui et al., 1972). C'est dire que les données sur lesquelles se fonde le calcul pourraient être obtenues directement: les grilles descriptives sont *productibles* par un algorithme.

Outre les 6 critères de sélection définis, on possède pour certaines inscriptions (8) des données d'ordre temporel — qui sont représentées dans la fig. 1 — et qui servent à tester la validité des séries formelles obtenues du point de vue de leur éventuel contenu chronologique.

Critères de sélection du corpus expérimental
1. Origine: Afrique du Nord.
2. Localisation connue.
3. Thématique: Funéraire (au moins).
4. Personnages attestés: Vétérans.
5. Action funéraire: le vétéran est le défunt.
5. Cognomen du vétéran: ni indigène ni étranger.

2. *Sur le système descriptif I* (voir Annexe I)

a) Vis-à-vis du lexique documentaire SYCIL, il convient de noter que la description est ici nettement *sélective*: seules ont été retenues dans un premier temps les caractérisations qui ont paru avoir, aux

160 INFORMATIQUE POUR LES SCIENCES DE L'HOMME

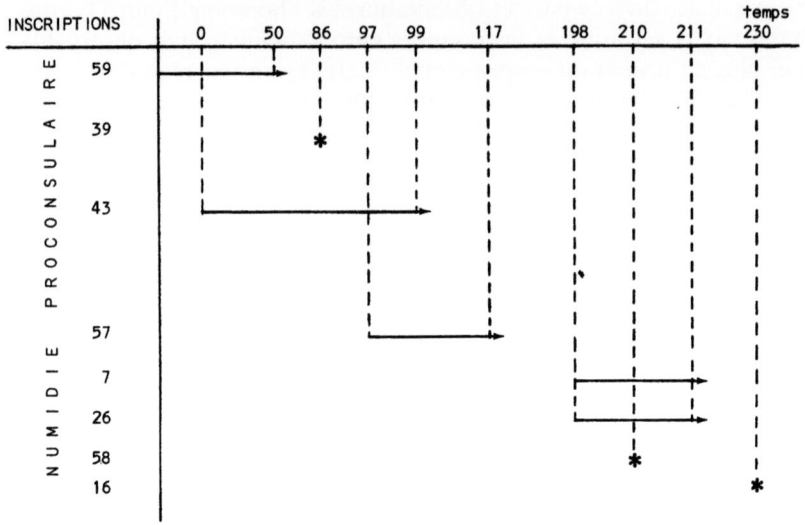

Fig. 1. Données chronologiques. Les deux types de représentation ci-dessus rendent compte des séquences chronologiques *possibles* d'après les informations extrinsèques disponibles.

yeux de l'épigraphiste, un rôle possible dans l'évaluation temporelle des inscriptions. C'est ainsi par conséquent que ne sont pas représentées certaines rubriques, ou même certains chapitres du lexique, qui ont été tenus en première approximation pour non significatifs de ce point de vue. Ceci est le cas de la quasi-totalité des rubriques du chapitre «Contexte», et, dans une moindre mesure, de beaucoup de celles du chapitre «Contenu» (par exemple: les noms d'Empereurs, les Dieux, etc.).

b) Par rapport aux éléments du lexique qui sont pris en compte dans le système descriptif I, une *réduction* est souvent opérée. Ceci est le cas par exemple des Fonctions Militaires qui sont ici classées en 3 groupes: supérieures, subalternes et prétoriennes.

La même situation existe pour les Fonctions Administratives, et aussi, par ailleurs, pour les propriétés stylistiques et linguistiques.

c) A l'inverse, certains éléments descriptifs reçoivent une diversification plus grande que celle que note normalement le lexique SYCIL. Ainsi, par exemple, la caractérisation 2 décrit, selon 3 cas, la forme grammaticale du cognomen; il en est de même pour la description de la place du terme qui dénote le signum (caractérisation 3); etc.

3. Sur la grille descriptive I et le passage au système descriptif II (Annexe II)

Dans l'ignorance où l'on se trouve initialement (et provisoirement) de la pertinence des traits retenus, et de leur portée significative, on a recensé assez empiriquement, comme on l'a dit, tout ce qui pouvait sembler pouvoir concourir à l'élucidation de la datation des inscriptions du corpus. L'examen de la grille descriptive suffit à faire apparaître un certain nombre de phénomènes, à partir desquels l'appareil descriptif peut déjà être critiqué. Il devient ainsi possible de passer d'une première représentation des objets à une autre représentation dont on peut supposer qu'elle est plus adéquate aux *objectifs* que s'assigne la recherche et aux *méthodes* qu'on a choisi d'utiliser. En effet,

a) Certaines caractéristiques sont peu ou pas attestées, ou, inversement, le sont presque toujours (par exemple, n° 3, 4, 7, 11, etc.). S'il est possible qu'une fréquence très grande ou très faible d'occurrence d'un trait puisse jouer un rôle discriminant, il est vrai en contrepartie que dans un premier temps ces configurations sont un frein au repérage par un calcul statistique des corrélations les plus importantes entre les traits. On choisira dans une première phase de les éliminer.

b) Un cas particulier de la situation précédente est celui où, un ensemble de traits possédant une certaine parenté ou solidarité sémantique, ce n'est que la configuration d'ensemble qu'ils présentent qui prend un aspect plus significatif au regard de l'algorithme de calcul.

c) On a donc été conduit, par rapport aux deux situations évoquées ci-dessus, soit à abandonner certaines caractérisations (par exemple : 3, 5, 7, 8, 9, 10, etc.), soit à procéder à des regroupements, comme on vient de le voir.

d) Indépendamment de considérations statistiques ou plus généralement instrumentales (mais pouvant se recouper avec elles), une autre raison nous a incités à provoquer certaines transformations de la grille initiale. Ces raisons sont relatives à l'*organisation* des traits entre eux, ou, plus exactement, au découpage que le choix des traits opère sur la réalité sémantique. Les exemples comparés de la description de la formule DMS, de la formule HST, et de la ponctuation illustrent assez bien ce phénomène.

Il est clair que les choix effectués à ce niveau — c'est-à-dire les choix effectués dans le découpage d'une microréalité par un certain nombre de caractérisations et les choix relatifs aux valeurs (traits) que peuvent prendre ces caractérisations — ces choix donc sont de la même nature et peuvent avoir la même importance que ceux qui interviennent dans la sélection, la réduction ou au contraire, la différenciation des traits retenus vis-à-vis du lexique, ils en sont même, pourrait-on dire, le complément obligé. Observons d'ailleurs que des problèmes du même ordre interviennent dans la construction du lexique lui-même. Moyennant quoi le passage de la réalité des inscriptions à leur représentation *régulière* est d'abord une *réduction*. Mais n'est-ce pas le prix de toute démarche scientifique ? Il découle de ceci que le travail initial de description a pu être remis en question et donner lieu à de nouveaux découpages.

Il va de soi que la mise en évidence du rôle des traits descriptifs dans telle ou telle hypothèse historique constitue pécisément l'un des objectifs les plus importants que s'assigne la recherche. En règle générale les opérations que nous signalons ici se justifient plutôt in fine, par les résultats du calcul. L'objet de cette remarque est d'illustrer l'interdépendance des diverses phases du raisonnement et l'intérêt — voire la nécessité — de contrôler à chaque instant les conditions auxquelles le raisonnement (ici, le calcul) peut se poursuivre.

e) *En conclusion*, il convient de noter le rôle de la première grille descriptive qui loin d'être accessoire permet au contraire d'élaborer une première réflexion critique sur le statut des diverses informations retenues dans un premier temps, ainsi que, parallèlement, une seconde version de la description.

4. Sur le second système de description et la seconde grille descriptive

Les remarques précédentes éclairent pour l'essentiel les raisons qui ont contribué à élaborer ce second système, et les nouveaux choix (sélection, réduction) qui ont été effectués.

III. Situation du calcul dans la vérification des hypothèses historiques

1. Sur les résultats de la sériation

a) Aspects principaux de l'algorithme de sériation.

L'algorithme de sériation a pour objet de déterminer parmi toutes les séquences (ou séries) possibles de n objets [il y en a $n \, (n-1) \, (n-2) \ldots 2 \times 1/2$] celle qui vérifie au mieux un certain nombre de conditions formelles. Ces conditions formelles constituent la traduction pour le calcul des fondements que l'on donne à cette partie du raisonnement. Nous nous bornerons ici à signaler les plus importants :

1. La ressemblance entre les objets i et j est notée S (i,j).

S $(i,j) = n_{i,j}$ où $n_{i,j}$ est le nombre de traits attestés simultanément dans les objets i et j.

2. L'algorithme de sériation ordonne les objets en une séquence qui vérifie au mieux la condition suivante : deux objets i et j sont d'autant plus rapprochés dans la séquence que le coefficient de ressemblance S (i,j) est important.

D'autres conditions formelles sont nécessaires. Celles que nous donnons ici suffisent à montrer que c'est en premier lieu le bien-fondé de ces axiomes par rapport aux phénomènes auxquels ils se réfèrent qui détermine la validité historique des résultats du calcul, au-delà de leur correction formelle. Le propre de tout raisonnement bien conduit sera donc *aussi* de les mettre systématiquement en question, au même titre que les opérations intellectuelles plus traditionnelles (cf. la description) qu'il comporte. Bien-fondé, validité... autant dire qu'une telle approche est inséparable de la mobilisation de toute la connaissance attachée à l'objet de l'étude, de manière à réduire et à contrôler la part d'*arbitraire* introduite par le calcul.

b) La série obtenue est représentée en haut du tableau (les numéros sont ceux des objets). On a reporté au-dessous l'appartenance régionale des inscriptions selon les conventions mentionnées ci-dessus.

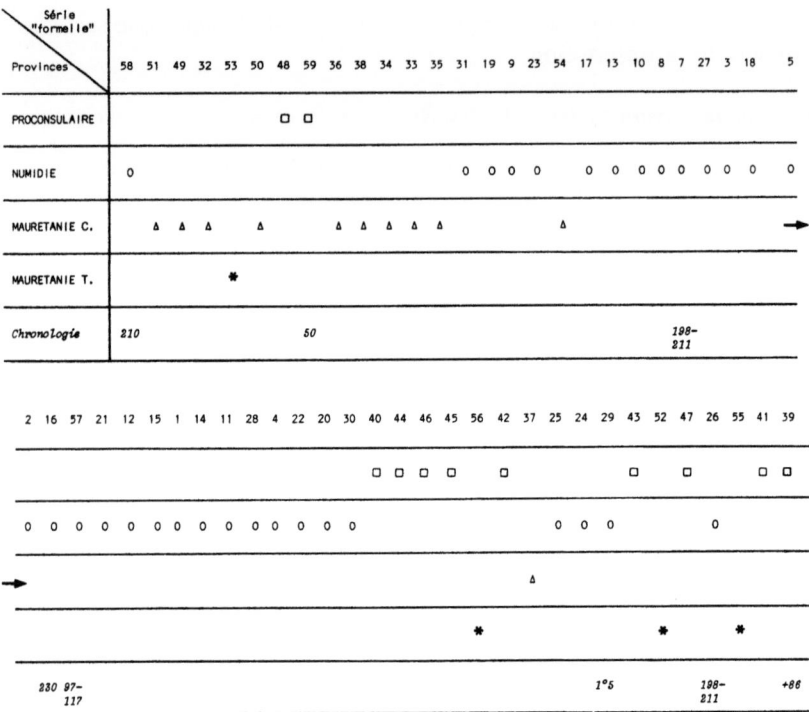

Fig. 2. Sériation de l'ensemble des inscriptions rangées selon l'origine provinciale.

c) La dernière ligne de la figure 2 reporte les données chronologiques (dates ou intervalles de temps) associées à certaines des 59 inscriptions et qui n'ont naturellement pas été prises en compte dans le calcul, de manière à ménager (sans risque de tautologie) la possibilité de «valider» ou non les résultats de ce dernier. La comparaison de la série formelle et des données chronologiques révèle plusieurs incompatibilités :

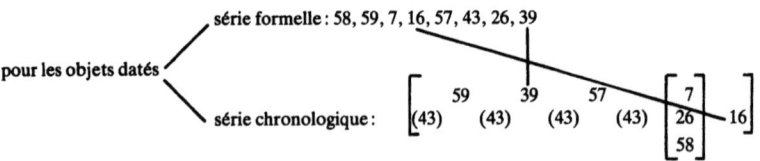

Notre conclusion provisoire (en fait l'une des conclusions possibles) : la série formelle des 59 inscriptions n'est pas acceptable comme série chronologique.

d) L'échec de la sériation formelle de l'ensemble des inscriptions suggère diverses orientations de recherche. Si l'on suppose en particulier que les différences significatives entre inscriptions sont dues à deux facteurs principaux (et liés) qui sont l'origine provinciale et le temps, il est naturel d'opérer une réduction du champ expérimental qui élimine l'un de ces facteurs de variation. Nous avons ainsi choisi l'ensemble des 33 inscriptions de Numidie, qui ont été traitées avec le même algorithme que précédemment. Les résultats sont consignés dans la figure 3. Ils présentent aussi des incompatibilités avec les données chronologiques: l'inscription 16 devrait être la dernière de la série formelle.

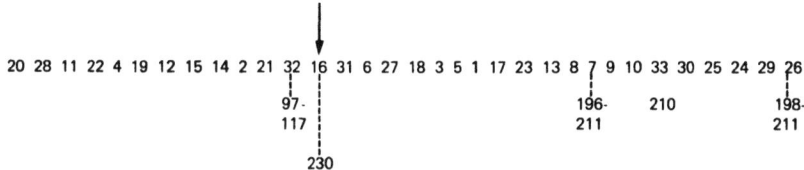

Fig. 3. Série obtenue pour les Inscriptions de Numidie. (Note: les numéros 32 et 33 correspondent respectivement aux inscriptions numéros 57 et 58).

Deux types de questions se posent alors: en premier lieu, sur la validité de l'hypothèse relative aux deux facteurs principaux de variation; mais aussi, sur l'adéquation des moyens formels et des données utilisées pour résoudre le problème posé. Dans cette perspective, l'échec est certainement productif.

e) L'examen de la série formelle peut cependant avoir une fonction heuristique. Il est intéressant de remarquer ceci (fig. 2): 5 inscriptions de Numidie (sur 33) sont séparées du bloc formé par les 28 autres; parmi ces 5 inscriptions, 4 sont relativement groupées entre elles, et insérées dans le bloc de la Proconsulaire: il s'agit des n°s 24, 25, 26, 29. Or les trois premières proviennent de la région de Cirta, alors que la quasi-totalité du groupe des 28 inscriptions provient de la région de Lambese; malgré l'existence de deux inscriptions qui ne suivent pas ce schéma (l'inscription 29 étant située dans le bloc de Cirta, et par ailleurs, l'inscription 23 est localisée dans la région de Lambese), il serait intéressant d'évaluer la signification possible d'une autre partition régionale qui séparerait la Numidie en deux zones (Cirta et Lambese) et associerait plus étroitement les régions de Cirta et de la Proconsulaire que les régions de Cirta et de Lambese, comme le suggère la série formelle lorsqu'on la confronte aux données spatiales.

2. Sur les résultats de l'analyse discriminante

Le programme d'analyse discriminante évalue (en tenant compte de la composition des groupes régionaux, et de la description des inscriptions dans chaque groupe) la «distance» des objets les uns vis-à-vis des autres ainsi que la position des «centres» théoriques de chaque groupe donné. Les graphiques 1 à 3 sont une représentation de cette évaluation.

Un ensemble d'axiomes assure ici encore le passage d'un certain état des données du problème (descriptions, définition des groupes) à des résultats formels.

a) Les graphiques 1 et 3 décrivent ces résultats respectivement pour 3 groupes (Numidie, Proconsulaire et Maurétanie Cesarienne) et 4 groupes (les mêmes plus Maurétanie Tingitane), et dans les deux cas, sur la base du second système descriptif comportant 15 caractérisations. (Les «centres» des groupes sont entourés).

L'examen des figures montre que les «centres» de chaque groupe sont bien séparés. Dans la mesure où chaque «centre» représente l'objet fictif qui résumerait au mieux les caractéristiques particulières de son groupe, cela signifie donc — *sous les conventions introduites dans la description et dans le calcul* — que la distinction provinciale se manifeste objectivement dans les inscriptions.

b) Le graphique 2 donne le résultat obtenu pour les trois groupes ci-dessus, mais d'après un système descriptif réduit ne comprenant plus que 6 caractérisations.

Le choix de ces 6 traits a été fait assez aléatoirement, de manière à vérifier la stabilité des groupements provinciaux lorsque l'on fait varier la nature de l'information prise en compte.

Une deuxième orientation, plus précise, est concevable à partir de la détermination de tel ou tel sous-ensemble de traits doté d'une forte homogénéité sémantique. Ainsi par exemple des traits descriptifs des phénomènes d'expression des formules funéraires.

Dans ce cas, la préservation du groupement provincial indiquerait précisément l'homogénéité provinciale de ce phénomène.

MISE A L'EPREUVE DE CONJECTURES HISTORIQUES 167

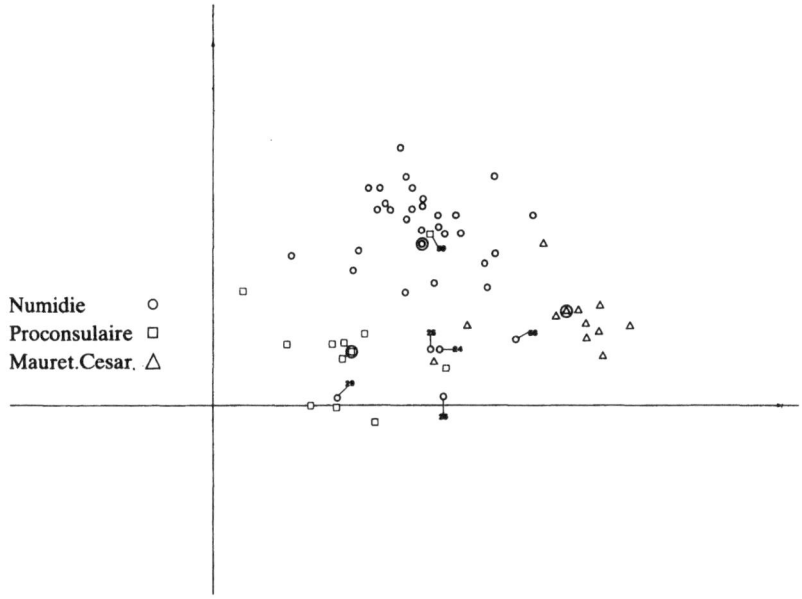

Graphique 1. 3 groupes, 15 caractérisations. (Syst. descript. II)

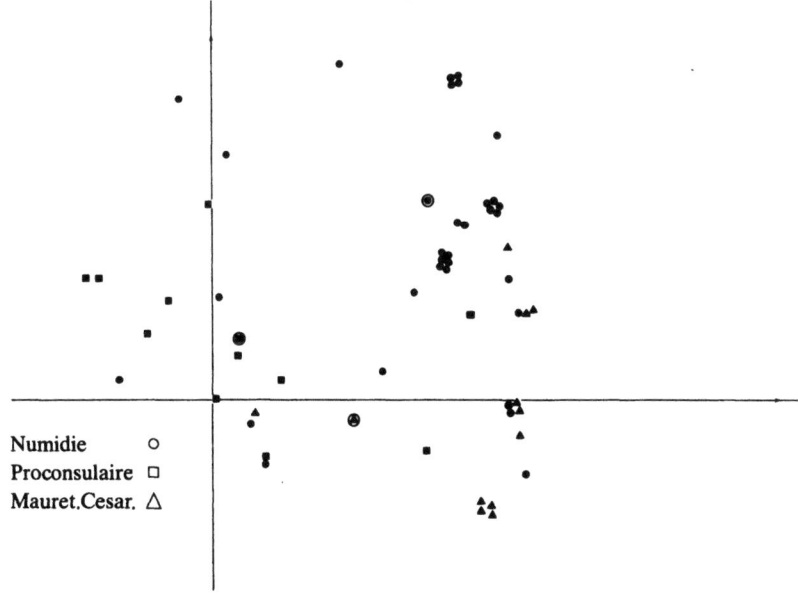

Graphique 2. 3 groupes, 6 caractérisations. (Syst. descript. II réduit)

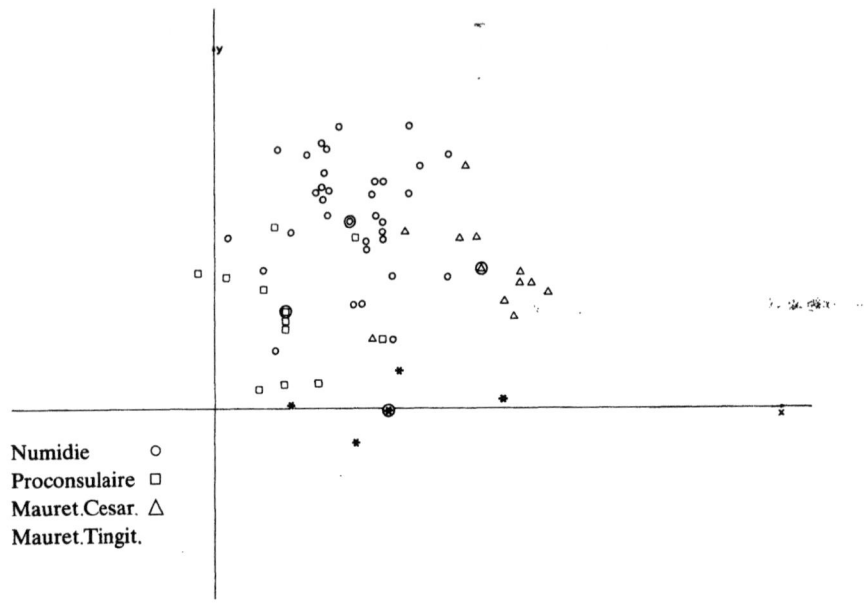

Numidie ○
Proconsulaire ◻
Mauret.Cesar. △
Mauret.Tingit.

Graphique 3. 4 groupes, 15 caractérisations. (Syst. descript. II)

c) L'examen des différentes figures peut également jouer un rôle heuristique. Sur le graphique 1 par exemple, l'inscription 59, d'origine Proconsulaire, se trouve représentée, en fait, près du «centre» du groupe «Numidie». Cette inscription présentant par ailleurs certaines particularités remarquables (c'est la plus ancienne parmi les inscriptions datées), la réflexion peut s'orienter *au moins* selon deux axes:

- l'examen et la critique des sources;
- la détermination des traits qui introduisent des facteurs non homogènes par rapport à l'origine provinciale; et l'interprétation historique de ces facteurs.

Le calcul a ici pour fonction essentielle de donner une représentation des inscriptions qui résume et organise au mieux (selon certains critères formels) la description qui en est donnée à l'aide du système descriptif, pour un nombre de traits qui a varié avec les différentes analyses discriminantes qui ont été faites. L'indication supplémentaire de l'origine provinciale permet de calculer le «centre» de chaque groupe d'inscriptions (voir ci-dessus). Les nuages de points et leurs «centres» constituent un certain *modèle descriptif* qui rend compte de l'organisation des descriptions selon une «structure provinciale» donnée pour les 59 inscriptions étudiées.

Un modèle de type différent est concevable, qui isolerait les critères (descriptifs) selon lesquels s'effectuerait l'affectation à telle ou telle province d'inscriptions nouvelles d'origine *inconnue*. Ce *modèle «prédictif»* sera une construction provisoire: remis en question avec les nouveaux objets d'origine *connue* dont on se trouvera disposer. Car de deux choses l'une: ou l'affectation provinciale, *calculée* à partir de la description coïncide avec l'origine provinciale connue et la validité du modèle se trouvera non pas établie (en toute rigueur, elle ne pourra jamais l'être définitivement) mais sa plausibilité sera renforcée; ou bien, les deux affectations ne coïncident pas, et la validité du modèle se trouvera infirmée.

En excluant tout doute sur l'origine provinciale de la nouvelle inscription il faudra alors considérer:

1. la pertinence de la description pour le problème posé aussi bien du point de vue «*sémantique*» (a-t-on retenu les éléments significatifs des inscriptions?) que formel (le système symbolique choisi n'introduit-il pas, par son expression même, des biais inacceptables?).

2. l'adéquation de l'appareil mathématique à la nature du problème posé, du matériau étudié et aux particularités du système de représentation...

3. la consistance du problème: il est peut-être impossible de définir quoi que ce soit à propos des relations entre la nature des inscriptions et leur origine provinciale:

« En effet, deux accidents similaires s'étaient produits dans chacune des deux villes situées de part et d'autre du détroit... », Polybe. *Histoire* I, 7.

ANNEXE I

Système descriptif I : définition des caractérisations et des traits

Numéros des caractéri- sations	Définitions des caractérisations	Traits des caractérisations	Symboles représentant les traits
	(Nom du défunt)		
1	Présence des Trianomina		0,1
2	Cas grammatical du Cognomen :	nominatif	1
		génitif	2
		datif ou ablatif	3
3	Place du signum :	premier mot	1
		ailleurs	2
4	Mention de tribu		0,1
41	Mention de filia- tion		0,1
	(Age du défunt)		
5	Mention de l'âge	VIXIT	1
		VIX	2
		VICSIT	3
		VIXSIT	4

Numéros des caractéri- sations	Définitions des caractérisations	Traits des caractérisations	Symboles représentant les traits
		V	5
		autres	6
6	Mention de l'année :	ANNIS	1
		ANNOR, UM	2
		ANN	3
		AN	4
		A	5
		autres	6
7	Précision de la mention d'âge :	avec mois	1
		avec jours	2
8	Tilde abréviatif sur les chiffres		0,1
	(Fonctions militaires du défunt)		
9	Niveaux :	supérieures	1
		subalternes	2
		prétoriennes	3

MISE A L'EPREUVE DE CONJECTURES HISTORIQUES 171

Numéros des caractéri-sations	Définitions des caractérisations	Traits des caractérisations	Symboles représentant les traits
10	Temps de service mentionné par :	militaire	1
		stipendia	2
		autres	3
	(Fonctions administratives)		
11	Fonctions :	décurion	1
		autres fonctions municipales	2
		autres fonctions	3
	(Fonctions religieuses)		
12	Fonctions :	flamen	1
		sacerdos (1)	2
		sacerdos (2)	3
		autres	4
	(Unité militaire)		
13	Unité autre que Leg III	légion autre que Leg III	1
		cohortes ou ailes	2
		numerus	3
14	Leg III	mention de Leg III	1
		mention de Leg III érasée	2
		mention de leg III érasée et regravée	3
15	Graphie de «légion»	L	1
		LEG	2
		LEGIO, — NIS	3
16	Epithète «Augusta»		0,1
	(Actions funéraires)		
17	Actions funéraires du défunt, marquées par :	se vivo	1
		ex testamento	2
		autres	3
18	Actions funéraires de la famille du défunt		0,1
19	Actions funéraires des légataires		0,1

Numéros des caractéri-sations	Définitions des caractérisations	Traits des caractérisations	Symboles représentant les traits
20	Actions funéraires de proches autres		0,1
21	Actions funéraires autres		0,1
	(Marques de l'action funéraire)		
22	Marques avec :	FECIT, FECERUNT	1
		FEC	2
		F	3
23	Marques avec :	DEDICARE	1
		DD	2
24	Autres marques		0,1
	(Monuments funéraires)		
25	Nature du monu-ment :	memoria	1
		mauselée	2
		monumentum	3
		cupula	4
		autres	5

Numéros des caractéri-sations	Définitions des caractérisations	Traits des caractérisations	Symboles représentant les traits
	(Dédicants et dédicataires)		
26	Ordre relatif :	dédicant avant dédicataire	1
		dédicant après dédicataire	2
		dédicant = dédicataire	3
		pas de dédicant	4
	(Epithètes funéraires)		
27	Epithètes afflictives concernant le défunt		0,1
28	Epithètes afflictives concernant le dédicant		0,1
50	PIVS, qualifiant le défunt		0,1
51	PIVS, qualifiant le dédicant		0,1
	(Formules funéraires introductives)		
29	Marques de DIIS :	D	1
		DIS	2
		DIIS	3

MISE A L'EPREUVE DE CONJECTURES HISTORIQUES   173

Numéros des caractéri-sations	Définitions des caractérisations	Traits des caractérisations	Symboles représentant les traits
30	Marques de MANOBUS	M	1
		MAN	2
		MANIB	3
		MANIBUS	4
		autres	5
31	Marques de SACRVM :	S	1
		SAC	2
		SACRVM	3
		autres	4
32	MEMORIA :	memoria, seul	1
		memoria + adjectif	2
34	SUB ASCIA		0,1
33	Autres formules		0,1
	(Formules funéraires finales)		
35	Marques de HIC SITVS EST	HS	1
		HSS	2
		HICSIT(VS)	3
		HICSIT(VS)	
		E(ST) ou S(VNT)	4
		HIC CREMATVS EST	

Numéros des caractéri-sations	Définitions des caractérisations	Traits des caractérisations	Symboles représentant les traits
36	Marques de SIT TIBI TERRA LEGIS	HIC CREMATI SVNT	5
		STTL	1
		SITTIBI TERRA LEGIS	2
37	Marques de OSSA TVA BENE QUIESCANT	OTBQ	1
		OSSA TVA BENE QVIESCANT	2
38	IN PACE		0,1
39	FIDELIS		0,1
40	Autres formules		0,1
	(Particularités linguistiques)		
42	Archaïsmes		0,1
43	Fautes d'orthographe		0,1
44	Abréviations rares ou bizarres		0,1

Numéros des caractéri-sations	Définitions des caractérisations	Traits des caractérisations	Symboles représentant les traits
45	Ligatures		0,1
46	Ponctuation aléatoire		0,1
47	Ponctuation de mise en page		0,1
48	Ponctuation logique systématique		0,1
49	Ponctuation logique non systématique		0,1

ANNEXE II

Système descriptif II : définition des caractérisations et des traits :

Numéros des caractéri-sations	Définition des caractérisations	Traits des caractérisations	Symboles représentant les traits
Système Descriptif I	Système Descriptif II		
1	1	Présence des Trianomina (inchangé)	0,1 (inchg)
2	2	Cas grammatical du conomen	
		nominatif	1
		génitif	2
		datif ou ablatif	3
		(inchg)	(inchg)
5	3	Formule VIXIT ANNIS	
		complète	1
		incomplète	0
6	4	Formule VIXIT ANNIS	
		non abrégée	1
		abrégée	2
		sigle	3
13 à 16	5	Mention d'une unité militaire	0,1

Numéros des caractéri-sations	Définitions des caractérisations	Traits des caractérisations	Symboles représentant les traits
17 à 21	6	Mention d'une action funéraire	0,1
22 à 24	7	Marques de l'action funéraire	0,1
26	8	Ordre relatif dédicant-dédicataire	1 2 3 4 (inchg)
27	9	Epithète afflictive concernant le défunt (inchg)	0,1 (inchg)
50, 51	15	Présence de PIVS	0,1
29-31	10	Formule DMS	
		absente	0
		incomplète et abrégée	1
		incomplète et non abrégée	2
		complète et abrégée	3
		complète et non abrégée	4

Numéros des caractéri-sations	Définitions des caractérisations	Traits des caractérisations	Symboles représentant les traits
35 à 40	11	Présence d'une formule funéraire finale	0,1
45	12	Ligatures (inchg)	0,1 (inchg)
48	13	Ponctuation logique systématique (inchg)	0,1 (inchg)

Numéros des caractéri-sations	Définitions des caractérisations	Traits des caractérisations	Symboles représentant les traits
49	14	Ponctuation logique non systématique (inchg)	0,1 (inchg)

Chapitre 3
Reconstruire une argumentation

L'expérience rapportée ici est basée sur deux constatations. La première est celle de la qualité, sur le plan des résultats et de l'information mise en jeu, de certains travaux archéologiques traditionnels. La deuxième, celle de l'incohérence d'une bonne partie des constructions de l'archéologie «analytique» dont les auteurs imaginent naïvement qu'il est possible de substituer des algorithmes parfois sophistiqués à l'analyse de la logique et de la signification archéologiques des problèmes.

L'objectif de ce travail est donc, d'une part, de proposer un modèle d'analyse des travaux traditionnels qui permette de résoudre les difficultés linguistiques et logiques auxquelles se heurte l'extraction de l'information dont ils sont porteurs; d'autre part de donner un exemple de la manière dont les opérations formelles, au niveau de la description et à celui du calcul, peuvent être intégrées dans un schéma logique d'analyse de telle façon que le problème de l'«interprétation» — le passage des formalismes à la signification — reçoive une solution qui ne reproduise pas les défauts du discours traditionnel: prépondérance de l'intuition et de la culture personnelles, absence de justifications explicites, incohérences parfois.

Cette recherche voudrait contribuer au rétablissement des bases du raisonnement en archéologie dans leur continuité historique, au-delà des oppositions superficielles qui tendent à masquer la dialectique des relations entre archéologie «nouvelle» et archéologie «traditionnelle».

I. Poser un problème archéologique

Le caractère éminemment classificatoire des constructions archéologiques justifie que l'on étudie certaines d'entre elles d'un point de vue formel, pour préciser les mécanismes mis en jeu, et pour tenter de mesurer ce qui les sépare des procédures taxinomiques réputées plus rigoureuses que l'on rencontre dans les sciences de la nature. Il s'agit par conséquent d'examiner la manière dont les critères scientifiques interviennent dans la démarche archéologique réelle pour commencer à jalonner un champ archéologique dans lequel les instruments de calcul ne soient plus nécessairement appliqués de manière empirique. L'examen des modalités de définition et d'utilisation des formalismes se trouve ainsi ancré dans celui des productions traditionnelles et il est commode alors de disposer d'une sorte de classification type, susceptible d'être prise pour une image exemplaire des constructions les mieux argumentées, dans quelque secteur de l'archéologie que ce soit. Le livre de G. Richter (voir Bibliographie) sur la statuaire archaïque de la Grèce nous a paru à cet égard tout à fait indiqué; il se distingue en effet par un souci remarquable de précision, tout au long du processus qui conduit de la description initiale des «objets» (c'est ainsi désormais que nous appellerons les statues étudiées par G. Richter) à leur agencement final en groupes: Sounion (c. 615-590 av. J.-C.), Orchomenos-Thera (c. 590-570), Tenea-Volomandra (c. 575-550), Melos (c. 555-540), Anavysos-Ptoon 12 (c. 540-520), Anavysos-Ptoon 20 (c. 520-485). Deux autres classes, «the forerunners» et «epilogue», dans lesquelles se trouvent rassemblées les figurations qui marquent le début et la fin de l'évolution présumée, complètent cette division du corpus. Deux opérations définissent les étapes essentielles de la construction: la *description*, par laquelle on passe des objets à leur représentation symbolique, et la *classification* proprement dite, qui détermine le résultat à partir des produits de la transformation précédente. C'est à préciser l'*interdépendance* de ces deux opérations que s'attache en particulier l'analyse du raisonnement sous-jacent dans le cours de l'ouvrage, et qui consiste à extraire en premier lieu le problème archéologique effectivement posé afin de formuler les opérations par lesquelles l'auteur tente de justifier la solution. Il n'est évidemment pas fortuit que la difficulté essentielle à laquelle se heurte une telle démarche soit le caractère généralement implicite des opérations mises en jeu; mais alors que certaines d'entre elles — la description — peuvent être relativement bien caractérisées à partir du texte étudié, il en est aussi — la procédure de classification par exemple — pour lesquelles il n'existe pratiquement aucun élément qui permette de leur donner une formulation explicite équivalente.

« L'étude du développement du kouros dans la sculpture grecque » est essentiellement une tentative de vérification, effectuée sur un matériel déterminé, d'une hypothèse relative à un trait fondamental de la civilisation grecque, hypothèse qui concerne l'aspect cumulatif des acquisitions du savoir durant la période considérée, et plus précisément, à propos des statues ou fragments de statues étudiés, le fait qu'à partir de représentations d'origine exotique (Egypte, Mésopotamie) caractérisées par le respect de conventions stylistiques stables, un siècle et demi d'évolution sous-tendue par la recherche d'une conformité au modèle anatomique conduit d'un mouvement *irréversible* à une statuaire satisfaisant les critères naturalistes. « The Greek effort was concerted, each generation building on the attainment of the preceding one, and never losing an inch of the ground gained ». Les étapes et le sens du processus évolutif sont mis en évidence par la détermination de groupes effectuée sur l'ensemble des objets, à partir de la ressemblance que ces objets présentent au regard de leurs caractères anatomiques. Sur l'intervalle de temps correspondant à la période étudiée, la partition obtenue sur l'ensemble des objets induit une chronologie relative, ordonnée au moyen d'une datation fondée sur le degré d'évolution, c'est-à-dire sur la « distance » qui sépare du modèle « naturel » un groupe ou un objet, représentés par leurs traits caractéristiques. En comparant la séquence temporelle ainsi définie à la datation absolue qui, pour certaines statues, peut être déduite des données extrinsèques (inscriptions, etc.), on obtient une estimation de la validité de l'hypothèse. Sa probabilité augmentera en effet chaque fois que l'on pourra relever pour une paire d'objets la concordance entre l'ordre chronologique absolu et le sens de leur évolution morphologique; elle décroîtrait dans le cas contraire, sans être cependant annulée dans la mesure où le phénomène pourrait être imputable à certains autres facteurs (distribution géographique, ateliers...) dont les effets sont simplement esquissés ici. Abstraitement — c'est-à-dire sans préjuger des moyens qu'il sera nécessaire de mettre en œuvre — l'organisation de l'argumentation se révèle d'une grande simplicité. Il est facile cependant, à partir de cet exemple, de montrer que cette simplicité est très rapidement affectée par l'introduction de nouveaux éléments dans la conjecture. Supposons en effet que l'on décide de prendre en compte un deuxième facteur, tenu pour indépendant du précédent — la distribution géographique si l'on veut. Il faudrait dans ce cas effectuer séparément l'étude décrite ci-dessus pour chacun des sous-ensembles d'objets définis par une origine géographique commune. De manière apparemment paradoxale la non-concordance de l'ordre déduit de l'anatomie avec l'ordre chronologique absolu, entre sous-ensembles distincts, serait cependant compatible avec l'hypothèse pourvu que la concordance soit satisfaite à l'intérieur de chaque sous-ensemble.

II. La phase descriptive

C'est également dans les termes de cette démarche que le rôle des éléments descriptifs apparaît comme tout à fait central puisqu'ils fondent la décision de l'Auteur de retenir *une* classification, c'est-à-dire une chronologie relative, parmi toutes celles qu'il serait possible de concevoir. Cela justifie assez que la description soit attentivement analysée, pour isoler le langage à travers lequel elle s'exprime et définir successivement chacun de ses éléments en mettant en évidence par la même occasion les exigences qu'impose la constitution d'un «langage descriptif» véritable et les problèmes en principe différents soulevés par sa mise en œuvre. En effet le raisonnement opère non sur les objets eux-mêmes mais sur leur représentation et par conséquent les ressemblances et les variations ne peuvent être relevées que pour autant que les descriptions sont comparables. Or, elles ne le seront que si elles résultent de la transformation régulière des objets en un système organisé de signes, l'instrument de cette transformation étant précisément le «langage descriptif». A travers lui, deux objets identiques devraient avoir nécessairement la même représentation et deux représentations identiques correspondre à des objets identiques ou équivalents au regard des critères de l'étude, en l'occurrence la nature des caractères anatomiques. Analyser une description, c'est d'abord isoler le langage qui sert à l'exprimer, définir successivement chacun de ses éléments, enfin vérifier les conditions de sa mise en œuvre.

Nous appelerons «*grille*» l'ensemble des notions qui constituent le langage descriptif, et «trait» toute unité sémantique définie comme telle dans la grille (ex.: «clavicules marquées, horizontales»). Nous dirons par ailleurs que chaque trait dénote une «caractéristique» de l'objet, ou encore qu'il en est une «caractérisation» particulière (par exemple, la caractérisation «forme des clavicules»). La plupart des caractérisations recouvrent en fait plusieurs traits: par exemple les traits «clavicules saillantes» ou «clavicules peu saillantes» ou «clavicules non marquées» dénotent tous la caractérisation «forme des clavicules». Une grille est donc un ensemble de caractérisations manifestées par plusieurs traits.

L'organisation de l'ensemble des caractérisations peut être considérée comme verticale, correspondant à une division du corps où les parties sont ordonnées par inclusion («bras» ⊃ main ⊃ pouce ⊃ ongle). Il s'y ajoute parfois une ordination horizontale des traits; c'est la cas notamment des groupes de traits servant à marquer des distinctions relatives, d'une caractérisation à l'autre (ex.: «x greater than y», «x equal to y», «x smaller than y»; ou encore de ceux que l'auteur définit par référence à une norme (le plus souvent implicite) de conformité anatomique (ex.: «abnormally large», «large», etc.). Ainsi se trouvent créés localement des systèmes que l'on pourrait appeler des «échelles», permettant d'introduire une quantification plus ou moins précise sous les caractérisations correspondantes. Par extension, nous parlerons aussi d'échelle dans le cas relativement fréquent où une caractérisation se manifeste seulement par l'opposition de deux traits, présence-absence (ex.: «indication of swelling of trapezium» — «non indication»), même si l'emploi de telles échelles pose ultérieurement des problèmes classificatoires distincts.

1. *Un exemple de description affective*

Si l'on se reporte maintenant au livre de G. Richter, on constate que cette grille n'est nulle part donnée de manière explicite, mais qu'elle apparaît à trois moments et sous trois aspects différents dans l'exposé: (A) au début de l'ouvrage, en un tableau synoptique où sont caractérisés chacun des six groupes auxquels aboutira l'étude stylistique; (B) en tête du chapitre consacré à chaque groupe pour ce qui paraît être un rappel du tableau; (C) enfin dans la description, objet par objet, de l'ensemble étudié. La reconstitution des éléments descriptifs sur lesquels est fondée la classification exige donc trois examens successifs et complémentaires du texte: complémentaires, en effet, dans la mesure où les trois moments se rapportent en fait à des ensembles décroissants de statues — la totalité des objets pour le premier (A), les objets d'un groupe pour le second (B), et chaque objet pris isolément pour le troisième (C) — tels que l'on passe de l'un à l'autre par adjonction de traits nouveaux qui marquent un enrichissement du système. La table I*a* indique la partie de la grille A qui est relative à «thumb». La table I*b* est obtenue en rassemblant sous forme synoptique le contenu correspondant de la grille B et on pourrait, en retenant les éléments des descriptions individuelles qui ont trait à «thumb», en construire une troisième (grille C) qui manifesterait à son tour un enrichissement par rapport aux deux premières. Quelques exemples ont été rassemblés dans la table I*c*.

On aboutit donc à ce premier paradoxe: il n'existe pas de grille clairement définie à travers laquelle les objets soient complètement décrits et il faut la déduire *a posteriori* de l'ensemble des descriptions.

L'utilisation du livre s'en trouve évidemment compliquée puisque l'accès à la totalité de l'information qu'il contient exige préalablement la constitution ou reconstitution d'un langage apte à l'exprimer. Mais surtout le caractère diffus de la grille peut en partie être tenu pour responsable des anomalies qui affectent la définition et l'emploi du langage descriptif et par voie de conséquence le raisonnement archéologique dans son ensemble.

Tableau I*a*

	Sounion	Orchomenos-Thera	Tenea-Volomandra	Melos	Anavysos-Ptoon 12	Anavysos-Ptoon 20
Hand	Thumb often large	....	Size of thumb normal	....	Metacarpal bones sometimes indicated	

Tableau I*b*

	Sounion	Orchomenos-Thera	Tenea-Volomandra	Melos	Anavysos-Ptoon 12	Anavysos Ptoon 20
Hand	Thumb often large *Hand clenched and angular in outline*	Thumb still sometimes large	Thumb no longer abnormally large *Hand less thightly clenched than before*		Metacarpal bones sometimes indicated	Metacarpal bones generally indicated *Hands holding attributes*

Tableau I*c*

n° 21	: hand held open
n° 49	: thumb short and carved in flat relief on hand
n° 88	: hand clenched but outline rounded
n° 139 bis	: fingers finely modelled with ends bend backward

2. Le langage descriptif

Supposons tout d'abord que l'on rassemble sous forme de tables complémentaires A-B-C, comme ci-dessus, la totalité des indications descriptives dispersées dans l'ouvrage. L'ampleur de l'information, comme la finesse des observations locales apparaîtraient de façon évidente; mais dans le même temps, nombre de questions de méthode ne manqueraient pas de se poser elles-mêmes avec plus de force. En premier lieu, les traits distinctifs choisis s'imposent-ils à tous les archéologues de la même manière? A quelle nécessité répondent ces choix, par quelle démarche l'auteur s'est-il arrêté à cette grille plutôt qu'à aucune autre, et quelle assurance a-t-on d'approcher la forme de connaissance la plus efficace, sinon la plus répandue, par cette représentation symbolique des objets et par l'organisation taxinomique qui en découle? etc. La plupart de ces questions mettent en jeu, en fait, non seulement le langage descriptif mais aussi cet ordre taxinomique qu'il sert à fonder; chacun est logiquement tributaire de l'autre, de sorte que l'on ne peut que renvoyer à l'étude des problèmes de classification l'examen global de ces différents points. Une autre question se pose cependant *avant* cet examen même : le langage descriptif, si l'on admet provisoirement qu'il est judicieux, doit aussi être précis, c'est-à-dire tel que les rapports entre objets et descriptions ne souffrent d'aucune équivoque; est-ce bien ici le cas? En d'autres termes, l'ouvrage de G. Richter permet-il de décrire un kouros de la manière qu'elle eût elle-même suivie, ou réciproquement de (se) représenter cette statue dans sa singularité par rapport aux autres objets du corpus (ou au moins par rapport aux objets appartenant à d'autres groupes du même corpus), à partir des seules indications fournies par les descriptions littérales A, B, C?

a) L'organisation des éléments descriptifs

Les données perceptuelles sur lesquelles se fonde le calcul seraient très appauvries si, à travers elles, chaque objet se réduisait à la simple énumération de ses éléments descriptifs. Une représentation symbolique ne peut être acceptable que pour autant qu'elle exprime l'organisation qui articule ces éléments les uns par rapport aux autres. Sous cet angle, la critique de la grille consiste à vérifier dans quelle mesure les relations que l'on pourrait relever entre ses élément constitutifs s'y trouvent effectivement exprimées.

La première remarque concerne l'absence de toute indication explicite de cette nature. Parallèlement toutefois, il faut noter l'extrême pauvreté sur ce matériau des données relationnelles. En ce qui concerne les caractérisations, le cas le plus fréquent est celui des sous-ensembles ordonnés par inclusion (la tête contient l'oreille qui contient le tragus) dont la mise en page de la grille A donne un équivalent graphique. Bien que simplistes, les relations de ce type sont nécessairement prises en compte: pour une statue privée de sa tête, il sera sans objet d'envisager des comparaisons concernant le tragus. La même évidence affecte la relation observable sur les traits qui définissent l'échelle de caractérisation, à savoir que pour un objet donné un seul trait s'applique à chaque caractérisation. Superflus si la représentation symbolique des objets est envisagée comme une sorte de repère mnémotechnique ou une allusion au sentiment de l'observateur, les rapports, même élémentaires, qui s'établissent entre les constituants du système sont indispensables dans la perspective d'un calcul visant à justifier rationnellement l'association de certains objets, ou non.

b) La part de l'implicite

Des opérations élémentaires comme la comparaison trait par trait de deux statues ou l'insertion de la description d'une nouvelle statue dans le corpus, ne sont en toute rigueur immédiatement permises qu'au seul auteur de l'ouvrage, dans la mesure où l'on peut supposer que les éléments non explicites de l'appareil descriptif sont cependant clairement présents à son esprit. Il reste donc aux utilisateurs de tenter de retrouver les signes de cette connaissance. Malheureusement, l'examen pas à pas des descriptions individuelles ne livre pas directement les éléments à partir desquels la reconstitution de la grille serait possible. Pour recenser les traits il faudrait d'abord être en état de les distinguer. Certains d'entre eux, il est vrai, sont assez clairement définis à travers les notations dans lesquelles ils apparaissent, en particulier dans les grilles « explicites » A et B. Dans de nombreux cas, cependant, la simple extraction des traits se révèle beaucoup plus délicate, et ce n'est que par l'analyse de *l'ensemble* des phrases descriptives se rapportant à une partie donnée du corps qu'il est possible de discerner, dans ces expressions complexes, la combinaisons des traits significatifs distincts. Une telle exploration n'est permise qu'à travers l'appréhension, généralement progressive, du sens des différents facteurs imbriqués.

L'exemple des *caractérisations des clavicules* illustre ces difficultés et ces limites. Les grilles A et B sont reproduites dans la table II. Quant à la grille C on peut la construire à partir de la récapitulation de toutes les expressions distinctes concernant ces éléments anatomiques. L'étude de cette liste — environ 70 expressions — permet de réduire à deux variables ou caractérisations, la diversité des formulations relevées.

Tableau II

		S	OT	TV	M	AP12	AP20
Grille A	Clav.	Represented as flat ridges protruding along whole course to shoulders			....	Attempt made to indicate backward curve	Assume S-shapped curve and lose themselves in shoulders
Grille B	Clav.	When marked travel upward from sternal notch as flat ridges protruding along their course as far as deltoids	Protruding as flat ridges all along their course as far as deltoids	Protrude all along their course as far as deltoids	Still generally protrude as flat ridges along whole course	Attempt made to indicate backward curve	Assume their characteristic S-shapped curve and desppear beneath deltoids: convex near the sternum concave near the shoulder

Tableau III

		S	OT	TV	M	AP12	AP20
Grille A	General Structure	Proportions often abnormal	Proportions more or less normal	Proportions more or less normal	Aucune indication	Proportions normal	
Grille B	General Structure	Proportions often abnormal, specially head	Proportions normal, but head sometimes very large				....

- Caractérisation 1 : dans le plan vertical où la statue apparaît de face, l'inclinaison par rapport à l'horizontale de la protubérance qui marque les clavicules (ce que verrait un observateur placé face à la statue).
- Caractérisation 2 : la forme des clavicules dans un plan horizontal qui couperait le torse à leur hauteur (ce que l'on pourrait appeler leur relief).

On observe alors que seule la caractérisation 2 se trouve attestée dans les grilles A et B. La caractérisation 1 quant à elle est manifestée uniquement dans la grille C où ses deux traits (inclinaison positive vers les épaules et horizontalité) peuvent à leur tour être mis en évidence par des regroupements en tableaux partiels des expressions ayant en commun ces éléments sémantiques.

c) Imprécision et pluralité des échelles

Une anomalie d'un genre différent peut également être observée lorsque, par le recensement des expressions relatives à une caractérisation donnée, il apparaît que les traits qui peuvent être affectés se distribuent suivant plusieurs échelles distinctes entre lesquelles font défaut les moyens qui permettraient de les traduire l'une dans l'autre, s'opposant ainsi à ces comparaisons d'objet à objet dont le rôle essentiel a déjà été souligné.

Ainsi, pour «proportions of head», le contenu des grilles A et B se trouve noté dans le tableau III tandis que le relevé des expressions individuelles (grille C) conduit au tableau IV dans lequel la proportion considérée apparaît être le nombre de fois où la taille de la statue contient la hauteur de la tête. Ce rapport numérique est en fait donné 9 fois seulement, alors que 65 objets environ auraient physiquement permis de l'évaluer et d'établir par la même occasion une échelle particulièrement précise. Les expressions littérales conduisent comme dans l'exemple précédent à dégager une autre échelle, beaucoup plus grossière, que l'on pourrait définir par :
- Head small in proportion;
- Head normal in proportion;
- Head large in proportion.

Cette échelle correspond aux trois groupes qui ont été définis dans la colonne 2. A «large» sont associées les valeurs 6 - 5,5 - 5 - 4,5 - 3,5; à «small», «7,5 to 8,5». Cette association se manifeste dans les expressions mixtes, littérales et numériques, qui figurent dans le tableau IV, col. 2. Si l'on peut déduire de ces données que «large» s'applique à toutes les valeurs inférieures à 6 et «small» à celles qui sont supérieures à 7,5, rien n'indique que l'intervalle 6 - 7,5 corresponde au rapport normal.

Tableau IV

Numéro des objets (1)	Descriptions relevées (2)	Rapport mesuré sur les photographies (3)	Rapport donné par G. Richter (4)
62	Large head. Goes about 3 1/2 times into body.	4	3,5
51	Head large (height goes about 4 1/2 times into total).	5	4,5
22	Abnormally large; goes a little more than five times into total height.	5,2	5
43	Head large in proportions; its height goes about 5 1/2 times into height of whole figure.	5,4	5,5
42	Head large.	5,7	
54	Head large.	6	
26	Head large in proportions.	6,1	
9	Head large in proportions.		
18	Head large in proportions.		
1	Proportions abnormal : head too large for body (its height is about one sixth of total height).	6,3	6
33	Head large in proportions.	6,3	
27	Head large in proportions to torso.	6,3	
45	Head rather large.	6,4	
28	Head large.	6,6	
15a	Abnormally large.		
31	Head disproportionately long compared to small chest.		
6	Head probably also abnormally large.		
181	Height of head goes about seven times into total height of body (approximately)	6,6	7
23	Height of head goes about seven times into to height of body.	6,7	7
12a	As now reconstructed, statue contains head about seven times.	6,7	7
2	Head in more normal proportions to body than in N.Y. Statue.	7	
11	Head not abnormally large.	8,3	
14	Head small in proportions; goes about 1/7,5 to 1/8 times into height of body.	8,4	7,5 - 8

Donc, non seulement le système de description n'est à nouveau accessible qu'au terme d'une compilation, mais encore se compose-t-il de deux échelles distinctes, à la fois incomplètes et imprécises, telles qu'il est impossible de passer de l'une à l'autre, c'est-à-dire de comparer deux objets décrits chacun au moyen d'une échelle différente.

3. *Emploi du langage descriptif*

Les observations précédentes laissent apparaître déjà que le langage, à supposer qu'un lecteur ait entrepris de le restituer, ne permettrait pas de *reproduire* à coup sûr les descriptions de l'auteur en raison des ambiguïtés inhérentes à ce langage même, une fois restitué. Il subsiterait en effet plusieurs manières de décrire le même objet, selon que chacun choisirait de retenir ou de passer sous silence, à l'instar de G. Richter, telle ou telle caractérisation autorisée par le langage, et selon qu'il adopterait pour chacune d'elles l'une ou l'autre de plusieurs échelles concurrentes, non strictement convertibles entre elles. En d'autres termes, il est à craindre que la mise en œuvre d'un tel langage, que ce soit dans le sens de la description, de l'objet aux signes, ou celui du déchiffrement, des signes à l'objet, ne donne lieu à des équivoques incompatibles avec la cohérence à laquelle on s'efforce d'atteindre.

a) Synonymies-Polysémies

Seul l'examen direct des objets permettrait de rétablir de façon sûre l'ensemble des rapports entre les données perceptuelles et leur représentation littérale, en rapprochant le classement qui peut être effectué sur l'ensemble des expressions relatives à une caractérisation de celui qui est observé — ou décidé — pour ce point particulier sur les statues elles-mêmes. En l'absence de ces dernières, les illustrations permettent en principe de contrôler les résultats, mais leur utilisation, même lorsqu'elles paraissent lisibles, reste limitée en raison des conditions physiques variables de la photographie (caractéristiques de l'objectif, angle de la prise de vues, éclairage, etc.). On se bornera donc à montrer par quelques exemples l'existence d'irrégularités dans les rapports données perceptuelles / expressions littérales, en précisant la nature de ces irrégularités.

La caractérisation «*proportion of head*» se prête particulièrement à une comparaison de cette nature. Celle des colonnes (3) et (4) du tableau IV illustre la précision relative des estimations déduites de l'iconographie par rapport aux indications numériques de G. Richter. Par ailleurs, nous avons déjà souligné que parallèlement à cette échelle métrique, l'auteur en utilisait une autre, qualitative cette fois, en recourant à des termes tels que « large », « small », etc., sans relations explicites avec les mesures précédentes. Dans la colonne 1 du même tableau les objets sont groupés en fonction de cette seconde échelle : les objets caractérisés comme « larges » viennent en tête, ceux pour lesquels la description est « small » sont à la fin, tandis que dans un groupe intermédiaire figurent ceux qui ne sont déclarés ni grands ni petits et pour lesquels la caractérisation semble être « normal ». D'autre part, l'ordre d'énumération, de haut en bas, suit les valeurs croissantes du rapport *mesuré*, des têtes relativement les plus grandes jusqu'aux plus petites. Lorsqu'il n'a pas été possible de déterminer une valeur numérique, l'objet est placé à côté de ceux qui sont caractérisés par la même expression littérale, sinon à la fin du groupe auquel il appartient. Il suffit maintenant de lire le tableau, des valeurs numériques vers les expressions littérales et vice versa, pour relever les anomalies sémantiques de la description.

En choisissant dans la colonne 3 un intervalle numérique suffisamment faible pour que les diverses valeurs du rapport qui s'y trouvent comprises puissent être considérées comme équivalentes, on obtient un sous-ensemble d'objets correspondants (colonne 1) pour lesquels le « rapport de la tête à la taille » devrait recevoir la même valeur. Si les expressions qui apparaissent en fait dans la colonne 2 sont distinctes, elles doivent être tenues pour *synonymes*.

Une procédure symétrique permet d'isoler les *polysémies* et de les définir. Des expressions identiques ou de sens voisin sont relevées dans la colonne 2 et l'écart des valeurs numériques associées, au-delà des approximations de la mesure, indique une polysémie et en mesure l'étendue.

Il ne saurait être question, pour les raisons indiquées plus haut, de procéder à la vérification systématique de ce type d'anomalies. Leur répétition à propos de quelques autres exemples observables (clavicules, position des membres supérieurs par rapport au corps, etc.) montre cependant que le phénomène est suffisamment général pour qu'il puisse être jugé caractéristique de l'emploi du langage descriptif.

b) Omissions

Plus clairement encore, la proportion très élevée des omissions manifeste l'absence d'une approche systématique du problème descriptif. En effet, l'extension du phénomène est telle que sur l'ensemble du corpus le nombre des occurrences explicites d'un trait est souvent très inférieur à celui de ses omissions.

4. Eléments d'une démarche descriptive

a) Analyse des données perceptuelles

La diversité et l'importance des anomalies qui entachent la définition du langage descriptif (§ 2) aussi bien que son utilisation (§ 3) prennent leur gravité dans la nature de l'enjeu : la construction d'un *ordre* taxinomique chargé de significations aussi nombreuses que possible (évolution stylistique, succession chronologique, etc.) s'effectue à partir d'une *description*; et la valeur scientifique de l'ordre est évidemment liée à celle de la description. Cette interrelation des deux moments de la construction pose néanmoins des problèmes délicats (Gardin, 1967) de nature sémantique et mathématique, dont l'examen systématique passe selon nous par l'étude préalable de cas précis. En donnant une illustration du type de «grille» qu'il faudrait définir pour ouvrir la voie à des procédures de classification vraiment scientifiques, on souhaite souligner un certain nombre des conditions de validité auxquelles devrait satisfaire tout langage descriptif véritable et en même temps faire apparaître, au-delà des nécessités de la cohérence formelle, les difficultés et les limites essentielles de l'entreprise, qu'elles tiennent à la nécessité d'opérer des choix en fonction de la visée poursuivie ou au contenu précognitif des descriptions.

Ceci conduit donc à traiter de préférence l'une des parties de la descriptions qui présentent une certaine complexité, par exemple la *position* de l'ensemble (bras, avant-bras, main) par rapport au torse et aux cuisses. L'analyse des expressions employées par G. Richter isole les deux aspects, repérés par A et B, sous lesquels l'auteur choisit d'effectuer la description.

A. Description de la position proprement dite, pour l'ensemble.

B. Localisation et nature des contacts, pour tout ou partie de l'ensemble, avec le torse et les cuisses.

A. Il s'agit essentiellement d'exprimer si l'ensemble est parallèle au corps ou non, et dans ce dernier cas de caractériser sa position. A cette fin, on peut *choisir* les angles dessinés par le bras et l'avant-bras avec le plan vertical où le corps apparaît de face, que les membres soient collés au corps, projetés en avant, ou même ramenés en arrière (n° 178, «brought back»). Suivant le degré de précision que l'on veut atteindre, les intervalles à l'intérieur desquels les positions seront considérées comme équivalentes présenteront une plus ou moins grande amplitude, limitée inférieurement par les erreurs d'observation. Par exemple, le bras sera dit «au repos contre le corps» si l'angle qui exprime son inclinaison n'excède pas n degrés vers l'arrière et m degrés vers l'avant; de même pour l'avant-bras, avec deux autres bornes angulaires. De la même manière, on définirait objectivement des traits comme : «... rejeté vers l'arrière», «... parallèle au corps», «... projeté vers l'avant». Ces définitions éclairent la difficulté qu'il y a à discrétiser un continuum : deux positions peuvent être plus proches de part et d'autre d'une borne que deux positions situées aux extémités d'un même intervalle. Deux traits distincts caractérisent alors un couple d'objets plus «ressemblants» que ceux qui seraient décrits par le même trait.

B. L'objectif est ici de situer les adhérences, de donner une évaluation de leur importance et d'en préciser le type. Les repères indispensables peuvent être pris sur l'ensemble lui-même (coude, poignet, pouce...) ou sur le corps (taille, cuisses...) ce qui s'imposera en particulier pour les statues amputées de leurs membres supérieurs. Ces deux systèmes sont rendus compatibles si l'on situe, par rapport à la taille si l'on veut, les zones correspondant au coude, au poignet..., la précision de cette correspondance contribuant à délimiter celle de la grille. Le premier groupe de repères permet de distinguer naturellement trois sections, entre aisselle et coude, entre coude et poignet, et enfin la main. Il reste à relever pour chacune le type de contact avec le corps (adhérence ou support) et le cas échéant son importance.

b) Définition et utilisation du langage descriptif

α) *Les unités du sytème descriptif*

Ces deux caractérisations, directement inspirées des gloses de G. Richter, n'épuisent cependant pas toutes les descriptions concevables en la matière; et l'on peut en imaginer d'autres, ne serait-ce que pour illustrer la diversité des langages descriptifs concevables et la réalité des problèmes de *choix* évoqués plus haut. La symétrie des membres supérieurs, par exemple, peut être jugée pertinente et exprimée formellement à partir des analyses A et B. Dans le cas des kouroï toutefois, la symétrie et la non-symétrie correspondent sans doute à des intentions manifestes du sculpteur et les seules mesures exactes ne permettent pas d'en rendre compte, en raison des avatars de la conservation comme de la fabrication même des objets. En conséquence, ou bien la symétrie sera traitée comme une caractérisation explicite, à deux valeurs «oui-non» que l'on notera lors d'un examen initial de l'ensemble, et dans le premier cas («oui») il suffira que les descriptions A et B portent sur l'un des deux membres; ou bien la symétrie se déduira du résultat de ces descriptions effectuées séparément pour les deux membres, moyennant la définition pour chacun d'intervalles correspondant à des traits distincts. Cette seconde méthode est en général moins interprétative (quoique déterminée encore par la précision des traits retenus), mais la première pourrait tout aussi bien lui être préférée si d'autres critères, par exemple économiques, entraient en ligne de compte. Le tableau V donne la partie de la grille explicite qui viendrait ainsi substituer cinq caractérisations, Aa, Ab, Ba, Bb, Bc, chacune avec son échelle de traits, aux 70 expressions distinctes relevées à ce sujet dans le texte.

Dans la définition de ces unités les choix les plus manifestes concernent les valeurs numériques des seuils (angles m, n, f, q, r et longueurs relatives) ainsi que le point à partir duquel sont mesurées les adhérences à l'aisselle ou au poignet. De ce fait, ces repères sont dotés arbitrairement d'un pouvoir de discrimination que rien ne fonde a priori

Tableau V
Grille descriptive des membres supérieurs (gauche, droit)

Caractérisations g. membre gauche d. membre droit	Traits
Ag/a Orientation du bras	1 « Arrière » (angle $\geq n$ degrés) 2 « Parallèle » (angle $< n$ degrés vers l'arrière et angle $< n$ degrés vers l'avant) 3 « Avant » (angle $\geq n$ degrés)
b Orientation de l'avant-bras	1 « Parallèle » (angle compris entre p et q degrés vers l'avant) 2 « Incliné » (angle compris entre q et r degrés vers l'avant) 3 « Horizontal » (angle $\geq r$ degrés vers l'avant)
Bg/a Entre aisselle et coude	1 Support 2 libre : Adhérence nulle et absence de support 3 Adhérence 1 = 0 < longueur relative $\leq$ 1/3 (à partir de l'aisselle) 　　　　　2 = 1/3 < longueur relative < 1 (à partir de l'aisselle) 　　　　　3 = complète (longueur relative = 1)
b Entre coude et poignet	1 Support 2 libre : adhérence nulle et absence de support 3 Adhérence 1 = 0 < longueur relative $\leq$ 1/3 (à partir du poignet) 　　　　　2 = 1/3 < longueur relative $\leq$ 1 (à partir du poignet) 　　　　　3 = complète (longueur relative = 1)
c Main	1 Support 2 libre : adhérence nulle et absence de support 3 Adhérence 1 = dégagement amorcé (longueur adhérence < longueur de la main) 　　　　　2 = adhérence complète (longueur adhérence = longueur de la main)
Ad, Bd : répéter pour l'ensemble droit	
C Symétrie	

mais dont les effets se manifestent pourtant aussi bien dans l'écriture du système descriptif que dans les calculs ultérieurs. En fait, aussi longtemps que les conséquences des décisions de cet ordre sur les constructions taxinomiques ne pourront être, sinon mesurées, du moins connues dans leurs variations relatives, la définition des langages descriptifs restera, à l'évidence, largement empirique. Cet empirisme n'est d'ailleurs pas condamnable en soi, puisque aussi bien il ne semble guère pouvoir être évité dans la phase initiale de la collecte de l'information. Encore faut-il tenter de le cerner au plus près. La démarche raisonnée établit consciemment un processus itératif, éventuellement déployé sur de longs intervalles de temps, tel que les acquisitions obtenues sur le plan cognitif au terme de chaque phase viennent enrichir les données sur lesquelles reposeront les recherches ultérieures. Ainsi passerait-on par exemple d'une description purement empirique à une classification et de celle-ci au calcul du rôle discriminant de chaque trait, donc à la définition des configurations descriptives caractéristiques de chaque classe.

Il ne suffit pas de définir les unités d'une grille pour parvenir aux représentations symboliques souhaitées. Décrire un objet consiste en effet à désigner pour chaque caractérisation quel est à l'intérieur de son échelle le trait qui dénote l'objet examiné, au moyen d'un système de notation qui dépend en fait de la nature de l'information que l'on souhaite recueillir. Le sens des termes de la grille impliquerait, en principe, que pour chaque objet un trait ne puisse être que vérifié (symbole Y) ou non vérifié (symbole Z). En réalité ces notations binaires ne suffisent pas, puisque l'état des statues exige que l'*impossibilité* de lecture d'un trait s'exprime d'une manière distincte, X par exemple. Dans le cas d'une transcription, c'est-à-dire d'une description fondée non sur les objets eux-mêmes mais sur une description antérieure, il peut être souhaitable d'isoler les *omissions* au moyen d'une notation particulière, O. La table VI illustre à propos de quelques statues reproduites par des photographies de face et de profil l'usage des divers éléments du système, pour les valeurs des paramètres: $m = 6°$; $n = 16°$; $p = 0°$; $q = 17°$; $r = 75°$; suivant que la bras examiné est droit ou gauche, la lettre d'indice du numéro de référence est d ou g.

β) *Utilisation du langage*

De la même manière que la grille de la table V résulte du choix que l'on est contraint d'opérer sur les données observables et sur l'organisation la plus propre à assurer la communication de celles que l'on a retenues, de même la description du tableau VI représente seulement *une des formes possibles* à travers lesquelles peuvent être

Tableau VI
Exemples de description

Objets traits	1d	12Ad	22d	40d	63g	70g	89g	145d	165g
Aa	2Y	2Y	2Y	2Y	2Y	2Y	X	1Y	1Y
Ab	1Y	2Y	3Y	1Y	1Y	1Y	X	2Y	2Y
Ba1	Z	Z	Z	Z	Z	Z	X	Z	Z
Ba2	Z	Z	Y	Z	Z	Z	X	Z	Z
Ba3	2Y	2Y	Z	2Y	2Y	2Y	X	2Y	2Y
Bb1	Z	Z	Z	Z	Z	Z	X	Z	Y
Bb2	Z	Y	Y	Z	Z	Y	X	Y	Z
Bb3	1Y	Z	Z	2Y	2Y	Z	X	Z	Z
Bc1	Z	Z	Z	Z	Z	Z	Z	Y	X
Bc2	Z	Z	Y	Z	Z	Z	Z	Z	X
Bc3	2Y	2Y	Z	2Y	X	1Y	1Y	Z	X

exprimés les éléments isolés par la grille sur chaque objet. Au stade de l'écriture, en effet, d'autres facteurs peuvent intervenir, tantôt *subjectifs* (clarté, etc.), tantôt *techniques* (limitation du volume, etc.), qui conduiront eux aussi à des codages différents (tab. VII). Deux questions se posent à l'observation de ces tableaux. 1) Pourquoi certains traits sont-ils notés explicitement alors que d'autres restent sous-entendus? 2) Par quel procédé ces derniers sont-ils cependant utilisables dans les constructions ultérieures, ou en d'autres termes comment passerait-on sans ambiguïté d'une description condensée à son extension totalement explicite? Pour répondre à la première de ces questions on ne peut faire état que d'un argument d'économie, l'adjonction à la grille d'une *relation* qui permet de retrouver nécessairement les termes omis se révélant plus intéressante que l'adjonction à la matrice d'un nombre généralement élevé de lignes supplémentaires. Ainsi, écrire Bb 3|1Y| implique simultanément Bb 3|2Z|, Bb 3|3Z|, car l'adhérence relative entre coude et poignet ne peut évidemment que prendre l'une seule des trois valeurs prévues. De même, Bb 1, et Bb 2 ne peuvent être vérifiés et s'écrivent Bb 1|Z| et Bb 2|Z|. Les cinq traits de Bb s'excluent mutuellement. Cette relation se déduit immédiatement de la définition des termes; elles autoriserait, entre la description in extenso et la description réduite (tab. VII), l'économie de quatre lignes pour la seule caractérisation Bb (question 1) pour autant que ces lignes sous-entendues puissent être générées au moyen des relations, à partir des termes explicites (question 2).

Il serait cependant erroné de croire que l'application mécanique de procédés aussi simples conduise toujours à des résultats acceptables

Tableau VII
Différents états d'une même description

Traits	63g	Traits	63g	Traits	63g
Aa1	Z	Aa	2Y	Aa	2Y
Aa2	Y				
Aa3	Z				
Ab1	Y	Ab	1Y	Ab	1Y
Ab2	Z				
Ab3	Z				
Ba1	Z	Ba1	Z	Ba	3-2Y
Ba2	Z	Ba2	Z		
Ba3-1	Z	Ba3	2Y		
Ba3-2	Y				
Ba3-3	Z				
Bb1	Z	Bb1	Z	Bb	3-2Y
Bb2	Z	Bb2	Z		
Bb3-1	Z	Bb3	2Y		
Bb3-2	Y				
Bb3-3	Z				
Bc1	Z	Bc1	Z	Bc1	Z
Bc2	Z	Bc2	Z	Bc2	Z
Bc3-1	X	Bc3	X	Bc3	X
Bc3-1	X				
Description in extenso (*a*)		Description intermédiaire (tab. VI) (*b*)		Description réduite (*c*)	

et une relation d'exclusion mutuelle qui organise une autre échelle de traits peut ne pas se prêter aux mêmes allègements. Soit le cas de Bc qui dispose comme Ba et Bb de trois lignes dans la table VI; si l'on n'en utilisait qu'une seule, la nouvelle notation, Bb|1-Y|, signifiant que «un support relie la main au corps de la statue», devrait impliquer Bc|2-Z|, Bc|3-1Z|, Bc|3-2Z|, désormais sous-entendus comme dans l'exemple précédent, moyennant l'introduction de règles du même type. Malheureusement, il ne serait plus alors possible de traduire certains cas sans un alourdissement considérable des termes de la description: par exemple (cf. n° 63) la main peut être détériorée au point que l'on ne puisse restituer son adhérence alors que l'on aperçoit clairement qu'elle n'est ni munie d'un support, ni libre. Il n'y aurait alors d'autre solution pratique que de juxtaposer horizontalement les trois expressions Bc|1-Z|, |2-Z|, |3-Z| (règle de contraction: 3-X pour 3-1X, 3-2X), ce qui annulerait les effets de l'allègement vertical du système. D'une manière générale, la simplification des tableaux descriptifs par l'emploi des relations définies entre les unités du langage trouve sa limite dans la complexité des situations observables qu'il s'agit de décrire; toutes choses égales, le degré de précision souhaité fixe effectivement cette limite. L'exemple précédent montre toutefois que les possibilités d'intervention de l'expérimentateur sont fort larges lorsque l'amélioration recherchée est entendue dans le sens d'une certaine optimisation opératoire (cf. la règle de contraction citée plus haut), la démarche consistant à mettre en balance les allègements obtenus avec la complexité corrélative des relations qui accompagnent la matrice et autorisent sa lecture.

γ) *Organisation du système descriptif*

Toute solution n'est acceptable qu'à la condition impérative de permettre à partir de ses éléments la réécriture *in extenso* de la matrice descriptive. Sous cette forme, tout objet est explicitement dénoté par chacune des unités descriptives initialement définies (tableau VII (*a*), n° 63). Dans l'exemple traité, ceci signifie que les représentations symboliques du tableau VI devraient pouvoir être transformées, de manière à en déduire des expressions développées de type VII (*a*). Les définitions de la grille et des termes, O, X, Y, Z, doivent donc être complétées par un ensemble de règles (tableau VIII) qui permettront, au moment de la lecture et de l'usage des données, de restituer les parties provisoirement sous-entendues. Les symboles logiques sont ceux d'équivalence : $\equiv$, d'implication : $\rightarrow$, de conjonction : $\wedge$ (qui peut se lire «et»), de disjonction : $\vee$ (qui peut se lire «ou»).

On pourra estimer que ces 28 règles sont un prix excessif pour la réduction de 20 à 11 du nombre de lignes de la matrice; mais outre que la forme d'écriture adoptée est ici volontairement dilatée, il ne faut pas oublier que cette réduction correspondrait, pour 200 objets par exemple, à l'économie de 1.800 notations.

La justification fondamentale, pour de telles règles, ne réside pas cependant dans les simplifications apportées au maniement de la grille, quelle que puisse être l'importance des facteurs pratiques. Dans l'utilisation qui en a été faite jusqu'ici, les règles de complétion de la matrice descriptive traduisent seulement la partie de l'organisation du domaine observé mise à profit pour une fonction spécialisée de réécriture. Mais ces règles n'épuisent pas les relations logiques qui articulent les différents éléments du système.

En fait, l'homogénéité et l'importance véritable de l'ensemble des relations apparaissent lorsque les descriptions sont envisagées dans leur rôle de *connaissances* fondant un ordre taxinomique formellement

Tableau VIII
Règles

Aa $\|1Y\| \to$ Aa $\|2Z\| \wedge$ Aa $\|3Z\|$	Aa $\|X\| \equiv$ Aa $\|1X\| \wedge$ Aa $\|2X\| \wedge$ Aa $\|3X\|$
Aa $\|2Y\| \to$ Aa $\|1Z\| \wedge$ Aa $\|3Z\|$	
Aa $\|3Y\| \to$ Aa $\|1Z\| \wedge$ Aa $\|2Z\|$	
Ab $\|1Y\| \to$ Ab $\|2Z\| \wedge$ Ab $\|3Z\|$	Ab $\|X\| \equiv$ Ab $\|1X\| \wedge$ Ab $\|2X\| \wedge$ Ab $\|3X\|$
Ab $\|2Y\| \to$ Ab $\|1Z\| \wedge$ Ab $\|3Z\|$	
Ab $\|3Y\| \to$ Ab $\|1Z\| \wedge$ Ab $\|2Z\|$	
Ba1 $\|Y\| \to$ Ba2 $\|Z\| \wedge$ Ba3 $\|Z\|$	Ba3 $\|X\| \equiv$ Ba3 $\|1X\| \wedge$ Ba3 $\|2X\| \wedge$ Ba3 $\|3X\|$
Ba2 $\|Y\| \to$ Ba1 $\|Z\| \wedge$ Ba3 $\|Z\|$	Ba3 $\|Z\| \equiv$ Ba3 $\|1Z\| \wedge$ Ba3 $\|2Z\| \wedge$ Ba3 $\|3Z\|$
Ba3 $\|1Y\| \to$ Ba1 $\|Z\| \wedge$ Ba2 $\|Z\| \wedge$ Ba3 $\|2Z\| \wedge$ Ba3 $\|3Z\|$	
Ba3 $\|2Y\| \to$ Ba1 $\|Z\| \wedge$ Ba2 $\|Z\| \wedge$ Ba3 $\|1Z\| \wedge$ Ba3 $\|3Z\|$	
Ba3 $\|3Y\| \to$ Ba1 $\|Z\| \wedge$ Ba2 $\|Z\| \wedge$ Ba3 $\|1Z\| \wedge$ Ba3 $\|2Z\|$	
Bb1 $\|Y\| \to$ Bb2 $\|Z\| \wedge$ Bb3 $\|Z\|$	Bb3 $\|X\| \equiv$ Bb3 $\|1X\| \wedge$ Bb3 $\|2X\| \wedge$ Bb3 $\|3X\|$
Bb2 $\|Y\| \to$ Bb1 $\|Z\| \wedge$ Bb3 $\|Z\|$	Bb3 $\|Z\| \equiv$ Bb3 $\|1Z\| \wedge$ Bb3 $\|2Z\| \wedge$ Bb3 $\|3Z\|$
Bb3 $\|1Y\| \to$ Bb1 $\|Z\| \wedge$ Bb2 $\|Z\| \wedge$ Bb3 $\|2Z\| \wedge$ Bb3 $\|3Z\|$	
Bb3 $\|2Y\| \to$ Bb1 $\|Z\| \wedge$ Bb2 $\|Z\| \wedge$ Bb3 $\|1Z\| \wedge$ Bb3 $\|3Z\|$	
Bb3 $\|3Y\| \to$ Bb1 $\|Z\| \wedge$ Bb2 $\|Z\| \wedge$ Bb3 $\|1Z\| \wedge$ Bb3 $\|2Z\|$	
Bc1 $\|Y\| \to$ Bc2 $\|Z\| \wedge$ Bc3 $\|Z\|$	Bc3 $\|X\| \equiv$ Bc3 $\|1X\| \wedge$ Bc3 $\|2X\|$
Bc2 $\|Y\| \to$ Bc1 $\|Z\| \wedge$ Bc3 $\|Z\|$	Bc3 $\|Z\| \equiv$ Bc3 $\|1Z\| \wedge$ Bc3 $\|2Z\|$
Bc3 $\|1Y\| \to$ Bc1 $\|Z\| \wedge$ Bc2 $\|Z\| \wedge$ Bc3 $\|2Z\|$	
Bc3 $\|2Y\| \to$ Bc1 $\|Z\| \wedge$ Bc2 $\|Z\| \wedge$ Bc3 $\|1Z\|$	

déterminé et si l'on ne peut, à ce stade, *formaliser* la dépendance entre la détermination de l'ordre et l'organisation du système descriptif, du moins peut-on montrer que cette dépendance existe et que les classifications obtenues ne sauraient être les mêmes selon que le calcul prend ou non en compte les relations sémantiques.

Décrire un objet, ce n'est rien d'autre que déterminer son image par rapport à un système de référence donné. Il s'ensuit que la même procédure de classification — définie par un certain nombre d'opérations formelles — conduira *en général* à des résultats distincts suivant qu'elle sera appliquée à l'un ou l'autre des trois ensembles de descriptions. Le résultat ne peut être indentique, sous les transformations qui affectent les données, que pour autant que les opérations de la procédure aient elles-mêmes été définies en fonction des éléments invariants de ces transformations. Il reste bien entendu que l'on peut aussi atteindre le même résultat en utilisant trois algorithmes différents pourvu que chacun d'eux exploite les propriétés particulières de l'ensemble des données auquel il s'applique.

Ainsi pour les mêmes objets, décrits par référence aux mêmes traits, les constructions auxquelles le calcul est susceptible de conduire varient-elles avec l'adéquation des caractéristiques mathématiques de l'algorithme à la nature sémiologique des données.

III. La phase classificatoire

Définition d'un algorithme de classification « équivalent »

Nous avons déjà noté l'absence de toute indication explicite *complète* sur la manière dont les objets ont été rassemblés en classes. L'objectif commun aux trois expériences mentionnées ci-dessous est la mise au point d'un algorithme «équivalent», c'est-à-dire permettant de retrouver les classes figurant dans le livre à partir des données extraites du texte et tel qu'il vérifie les conditions minimales d'explicitation de toutes les opérations formelles, tel par conséquent que tout expérimentateur opérant conformément aux règles obtiendra le même résultat. Compte tenu de ce que la grille descriptive comporte 265 traits et pour ne pas aboutir à des temps d'utilisation exagérés de l'ordinateur, les calculs ont porté sur un échantillon de 40 statues, choisies parmi les moins mutilées. Malgré cela, pour des raisons déjà mentionnées (omissions) le nombre de traits spécifiés n'est, en moyenne, que légèrement supérieur à la moitié du nombre total.

a) Méthode basée sur une définition préexistante des classes

Il a déjà été mentionné que les premiers éléments descriptifs sont donnés sous forme d'une caractérisation des classes, au début du livre (état A) et au début de chaque chapitre (état B). En compilant ces deux informations, on obtient une définition très approximative de chaque classe dans les termes du système descriptif. Il est donc facile de définir un algorithme de classification reposant sur:

1° une mesure de similarité entre chaque objet x_i, $i = 1, 2...40$ et chaque classe c_i, c_j, $j = 1,...,6$

2° l'affectation de chaque objet à la classe à laquelle il ressemble le plus.

Bien que plusieurs mesures de similarité aient été expérimentées, les résultats n'ont jamais été satisfaisants (proches de la classification donnée dans le livre). La raison essentielle de cet échec est certainement la très mauvaise définition des classes que l'on peut obtenir à partir des états A et B[1].

---

[1] Un type différent de recherche des éléments implicites dans l'œuvre de Richter consisterait à étudier la typologie des statues, conçue comme la structure de l'ensemble des traits descriptifs qui rend compte de l'organisation des classes morphologiques: par exemple, la détermination des traits ou des associations de traits qui ont valeur de diagnostic pour telle ou telle classe.

b) Méthode basée sur le préordre des similarités

La méthode est basée sur une mesure de la similarité entre paires d'objets (Fernandez de la Vega, W., de la Genière, J., 1968). Mais au lieu de prendre en compte la métrique de ces similarités S, l'algorithme est basé sur le préordre qu'elles définissent. Une fonction F (S,P) définit l'accord entre ce préordre et l'ensemble des partitions P du groupe d'objets à classer. Le problème consiste à déterminer la partition qui maximise F.

Cette méthode très élaborée avait semblé a priori intéressante dans la mesure où elle donne des résultats relativement stables lorsque les mesures de similarité varient (parce qu'elle utilise uniquement les propriétés du préordre). De plus, elle permet d'obtenir des familles de partitions successives et le «dendrogramme» de ces partitions permet éventuellement le choix du niveau le plus intéressant du point de vue archéologique. Par ailleurs cette méthode avait été expérimentée avec succès sur un matériel archéologique complexe. Les calculs conduits sur les statues n'ont malheureusement donné aucun résultat probant, probablement ici encore par suite du caractère incomplet des descriptions, mais certainement aussi à cause des particularités logiques du système descriptif (voir paragraphe suivant).

c) Une méthode de classification des objets dont la description est incomplète et structurée

Les deux tentatives précédentes montrent clairement que l'obstacle majeur à l'obtention d'une classification satisfaisante réside essentiellement dans le caractère très incomplet des descriptions des objets. Par ailleurs, il s'agit là d'une situation suffisamment fréquente en archéologie pour que l'on tente de mettre au point des méthodes tenant compte de cette particularité.

Le résultat du travail évoqué ici a déjà été exposé (Borillo M., Ihm P., 1971). Dans ses grande lignes, la méthode est proche de celles de l'analyse factorielle. Elle consiste à représenter les objets à classer dans un espace vectoriel normé n - dimensionnel pour lequel on cherche à déterminer un sous-espace de dimension réduite à partir duquel on puisse identifier les différentes classes. Cette méthode diffère de la «R-analysis», basée sur la matrice de corrélation R, par le fait qu'elle est basée sur la matrice de covariance S, ou plutôt $\tilde{S}$, telle que :

$$\tilde{S}_{ij} = \frac{N-1}{N_{ij}-1} \sum_{k=1}^{N} (x_{ik} - \bar{x}_i^{(j)})(x_{jk} - \bar{x}_j^{(i)})$$

où N est le nombre total d'objets à classer, N_{ij} le nombre d'objets (de vecteurs) dont le i-ème et le j-ème traits (composantes) sont simultanément connus, et $\bar{x}_i^{(j)}$, $\bar{x}_j^{(i)}$ les moyennes de x_i et x_j calculées pour les N_{ij} vecteurs.

Il faut observer que les descriptions sont incomplètes non seulement à cause des omissions mais aussi du fait de mutilations subies par les statues.

Dans le premier cas, et pour certains traits au moins, on a vérifié que l'absence de description était aléatoire. Mais les parties du corps ne sont évidemment pas indépendantes et l'absence de certains traits, dans le deuxième cas, peut déterminer l'absence de certains autres (si le bras est manquant, l'observation de la main est impossible). La méthode évoquée ci-dessus permet de traiter aussi bien les omissions aléatoires que celles qui découlent de la structure du système descriptif. Enfin, pour ce qui concerne la dépendance logique entre présence et absence de certains traits (sous-ensembles mutuellement exclusifs par exemple), elle s'exprime par des relations linéaires entre variables ce qui réduit simplement la dimension de l'espace vectoriel étudié.

Une partie des résultats de l'expérience est donnée dans les figures 1 et 2 qui représentent les projections des points sur les plans définis par les 3 premiers vecteurs propres dominants de la matrice $\check{S}$. Si les classes ne se retrouvent pas exactement, les groupes qui apparaissent peuvent être considérés comme satisfaisants en ce qu'ils restituent les grandes lignes de la classification du livre: Sounion (1) et Orchomenos-Thera (2) sont bien séparés de Tenea-Volomandra (3) et Melos (4), lesquels sont clairement distingués de Anavysos-Ptoon 12 (5), à l'exception d'un objet dont la position «anormale» signale peut-être un problème archéologique intéressant. Anavysos-Ptoon 12 est lui-même à l'écart de Anavysos-Ptoon 20 (6). On peut aussi estimer que l'axe μ_1 indique le sens général de l'évolution chronologique (en toute rigueur § 1). Sur ce dernier point, comme pour ce qui précède, nous avons évidemment adopté le type de «lecture» des résultats du calcul («images» de points) qui est propre aux techniques de type analyse factorielle. Dans le cadre logique de notre raisonnement, nous ne demandons à cette technique que ce qu'elle peut effectivement donner: un regroupement des représentations des objets sur des bases formelles (conventionnelles) bien définies; non *un sens en soi*.

Pour ces diverses raisons l'algorithme peut être considéré comme le substitut de la démarche classificatoire inconnue de l'archéologue qu'il permet par conséquent de simuler, c'est-à-dire reproduire dans ses résultats. Il est évident que rien n'indique que les éléments constitutifs

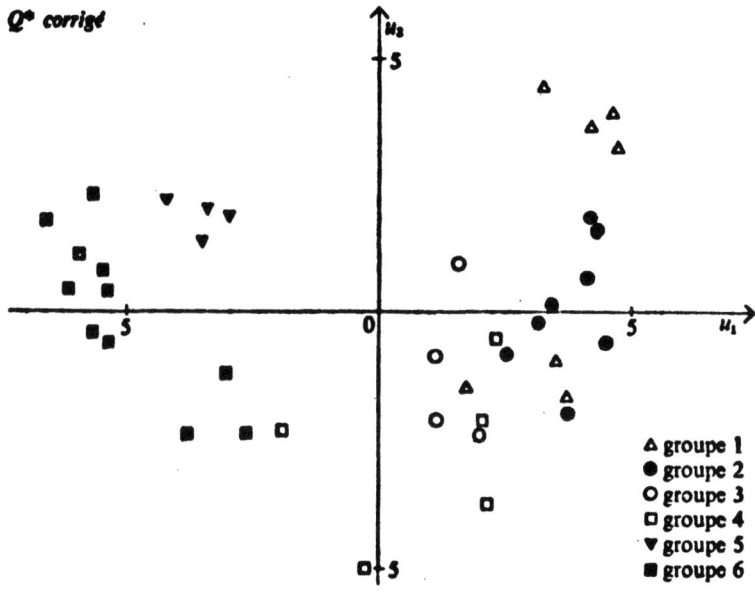

Fig. 1.

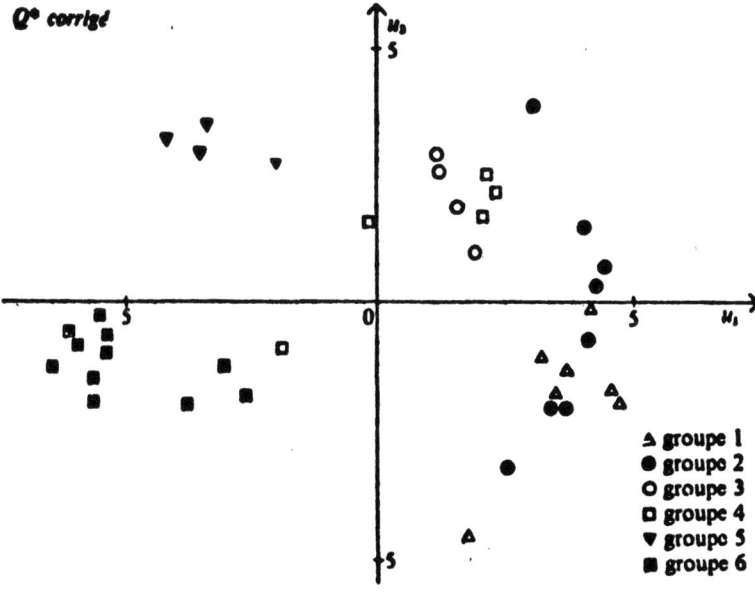

Fig. 2.

de l'algorithme présentent quelque ressemblance avec la démarche réellement suivie par Richter. Celle-ci a été considérée comme un tout inconnu, une sorte de boîte noire accessible seulement par ses produits. Les objectifs de cette expérience sont donc essentiellement différents de ceux qui consisteraient à retrouver tout ou partie du processus classificatoire de l'archéologie traditionnelle (Whallon, 1972); le choix de telle ou telle stratégie est évidemment à la mesure de l'information disponible.

II. Deuxième partie: un exemple de raisonnement inductif[2] en archéologie

Nous avions assigné à la première partie de ce texte d'élucider non seulement les phrases descriptives et classificatoires du livre mais également la structure logique selon laquelle s'ordonnent les divers éléments de la démonstration. Il nous a semblé préférable d'insérer cet objectif dans un propos plus vaste destiné à apporter des éléments concrets à la discussion sur les rapports entre constructions formelles et constructions archéologiques (Binford, 1968; Borillo, 1971a: Fritz et Plog, 1970; Gardin, 1979; Hill, 1971) et plus particulièrement les problèmes appelés d'interprétation.

Nous avons déjà signalé que, pour l'essentiel, le livre se veut la démonstration d'une proposition générale sur la culture grecque, projetée immédiatement sur un matériel particulier, les kouroï, pour lequel elle est susceptible d'un examen concret (§ 1).

Nous obtenons ainsi l'*hypothèse centrale*: une statue est d'autant plus récente *(temps)* qu'elle est plus conforme au modèle anatomique naturel *(morphologie)*.

L'auteur introduit deux hypothèses secondaires, qu'il admet, et qui jouent dans la validation de l'hypothèse centrale le rôle de propositions annexes:

Hypothèse secondaire 1: les distinctions régionales sont du second ordre par rapport à l'évolution due à l'hypothèse centrale.

Hypothèse secondaire 2: les composantes «artistiques» individuelles ou d'atelier sont négligeables.

Si l'on se reporte à l'hypothèse centrale, il est clair que sa vérification suppose l'établissement préalable sur l'ensemble des objets de deux

---

[2] Il serait plus exacte de parler d'«*induction abductive*» au sens de Peirce.

ordres de nature tout à fait distincte, un ordre morphologique et un ordre temporel, dont il faudra faire la comparaison.

A. Ordre morphologique et détermination d'une chronologie relative

Schéma 1: description → classification → chronologie relative.

1.1. Description → classification.

Le passage de la description des objets à leur regroupement en classes exige au minimum :

- un langage descriptif tel que les représentations des objets obtenues par son intermédiaire soient formellement comparables.

La grille obtenue au terme de l'étude du système descriptif peut être considérée comme satisfaisante de ce point de vue puisque elle a été établie et utilisée en vue de permettre le calcul;

- un ensemble de critères et de règles selon lesquels les objets seront rassemblés ou non (algorithme de classification) sur la base de leur ressemblance morphologique.

Nous admettons *(approximation)* que la méthode mise au point en est acceptable de ce point de vue. Le fait qu'elle simule la classification empirique nous apporte un grand réconfort, en particulier dans la mesure où nous n'essaierons pas d'étudier la question : les phénomènes étudiés relèvent-ils de l'algèbre linéaire et des lois normales ? *Postulons* que oui[3].

1.2. Classification → chronologie relative.

Nous pouvons admettre que les classes sont des sous-ensembles morphologiquement homogènes *(approximation)*. Elles peuvent donc être ordonnées selon leur conformité au modèle anatomique naturel.

Supposons l'hypothèse centrale vraie. La classe la plus ancienne sera la plus éloignée du modèle, la plus récente celle qui est la plus conforme au modèle. L'ordre morphologique induit un ordre temporel. Cet ordre temporel est la *chronologie relative* des classes (relative, puisque aucune date spécifiée n'est assignée à aucune d'entre elles).

Schéma 2: description → sériation → chronologie relative.

Une manière différente de procéder est concevable.

2.1. Description → sériation.

---

[3] Alors qu'il serait raisonnable de répondre négativement avant d'avoir examiné la question fondamentale de l'adéquation de ces théories mathématiques à la représentation des phénomènes culturels sous analyse.

Les exigences concernent le langage descriptif sont les mêmes que précédemment. La sériation s'obtient en définissant le modèle naturel dans les termes de la grille et en calculant la «distance» de chaque objet au modèle. Il faudra comme précédemment définir un ensemble d'opérations formelles (algorithme de sériation) avec des restrictions analogues, mais l'approximation concernant l'homogénéité des classes disparaît. En supposant l'hypothèse vraie, l'ordination morphologique induit une ordination temporelle (chronologie relative). Nous n'avons pas effectué les opérations de sériation dans la mesure où elles n'entraient pas dans le cadre de la reconstruction richtérienne.

B. Ordre temporel: établissement d'une chronologie absolue

L'ordre morphologique et la chronologie relative établis ci-dessus se fondent sur *a) les données intrinsèques* du problème, c'est-à-dire la description des statues, ainsi que sur *b)* une relation entre la forme et le temps *déduit de l'hypothèse centrale supposée vraie*. En fait, les statues s'accompagnent dans certains cas d'inscriptions, de textes, d'observations de fouille, de données historiques précédemment établies, etc. dont l'ensemble constitue l'*information extrinsèque* du problème. Cette information extrinsèque permet de fixer une *chronologie absolue,* c'est-à-dire des dates précises ou de brefs intervalles de temps bien définis pour un sous-ensemble de statues réparties tout au long de l'évolution.

C. Test

Compte tenu de ce qui précède, la vérification proprement dite de l'hypothèse centrale s'obtient naturellement par la comparaison des deux ordres définis plus haut. Il faut observer que du point de vue de la chronologie relative tous les objets d'une même classe ont le même rang et que la chronologie absolue ne porte que sur un sous-ensemble d'objets. Nous définirons la *compatibilité* des deux ordres par les deux conditions suivantes, qu'il faut étendre à *toutes* les paires d'objets possédant une datation absolue:

- si les deux objets sont contemporains (selon la chronologie absolue) ils doivent appartenir à la même classe morphologique (même rang relatif);

- s'ils ne sont pas contemporains, l'ordre relatif doit être ou le même que l'ordre absolu, ou une équivalence relative (même rang relatif des deux objets). D'après cette définition, deux cas peuvent se présenter:

1. Les ordres ne sont pas compatibles. *Dans le cadre logique*[4] *et opératoire*[5] où nous sommes placés, l'hypothèse centrale est nécessairement fausse.

En pratique, la première chose à faire serait de vérifier les sources de la datation absolue pour les objets signalant la non-compatibilité.

2. Les ordres sont compatibles. L'hypothèse centrale est vérifiée, dans le cadre défini ci-dessus. En fait il serait plus exact de dire qu'elle n'est pas infirmée : nous n'avons trouvé dans le cadre de l'étude aucune raison de la rejeter.

L'expérience de reconstruction du raisonnement finit à la vérification de la compatibilité.

Remarque pour illustrer l'interdépendance des divers éléments de la vérification

Supposons que les ordres soient compatibles (cas 2). En revenant à l'hypothèse secondaire 1, pour ne prendre qu'elle, il est clair que ce qui vient d'être vérifié est sa conjonction logique avec l'hypothèse centrale : quelle que soit sa région d'origine, une statue est d'autant plus récente que..., etc.

Ce qui veut dire que dans le cas où il n'y a pas compatibilité (cas 1) il se peut très bien que ce soit simplement parce que l'hypothèse secondaire 1, que nous avons acceptée pour vraie, ne l'est pas. Il est en effet tout à fait concevable que chaque sous-ensemble d'objets défini par la même origine régionale vérifie l'hypothèse centrale sans que l'ensemble de tous les objets la vérifie aussi. Le moyen très simple de s'en assurer consiste à effectuer pour chaque sous-ensemble le raisonnement indiqué plus haut et à s'assurer que *tous* vérifient la condition de compatibilité.

*
* *

Il semble que les archéologues modernes, comme les historiens, soient particulièrement perplexes à deux moments de leur travail : au début, lorsqu'il s'agit de passer de la formulation traditionnelle de leur problème — discursive, souvent imprécise — à une formulation qui se prête effectivement au calcul; à la fin, lorsqu'il faut transformer les résultats formels produits par le calcul en propositions homogènes avec le champ historique et/ou culturel considéré (l'interprétation). Sur le

---

[4] Défini en particulier par les hypothèses secondaires.
[5] Conventions liées au système descriptif (grille), à la nature des algorithmes.

premier point l'expérience dont nous avons rendu compte ici souligne la nécessité d'un système sémiologique défini en fonction de la nature des objets et de celle des problèmes. Le deuxième point accapare davantage l'attention et passe pour plus important. Cependant si préalablement à tout calcul on prend la précaution:

- de définir aussi complètement que possible la fonction des différents types d'information dans l'argumentation;

- de formuler les différentes hypothèses (culturelles, historiques) dans les *termes formels* où l'information a été recueillie;

- de préciser, le cas échéant formellement, l'articulation logique de ces hypothèses entre elles et avec les propositions connexes;

- d'isoler les différents axiomes ou postulats qui interviennent dans le calcul, en évaluant leur adéquation et leurs conséquences, alors la vérification proprement dite, qui s'effectue en général par la mise en œuvre d'outils mathématiques, conduit à des résultats qui sont *déjà* archéologiques.

Bibliographie

AJDUKIEWCZ K., 1974. *Pragmatic Logic.* Reidel, Dordrecht.
ALLWOOD J., ANDERSSON L.G., DAHL O., 1979. *Logic in Linguistics.* Cambridge University Press.
AUDUREAU E. *Logique et linguistique. Un théorème de limitation pour le programme de Chomsky,* in *Appliquer les mathématiques?,* Editions du CNRS, Marseille, à paraître.
AUDUREAU E., FARIÑAS DEL CERRO L., 1984. *Logique de programmes et sémantique intensionnelle,* in *La sémantique logique,* n° spécial, F. Nef (ed.) de *Histoire Epistémologie Langage,* Presses Universitaires de Lille.
BLANCHE R., 1973. *Le raisonnement.* PUF, Paris.
BELY N., BORILLO A., SIOT-DECAUVILLE N., VIRBEL J., 1970. *Procédures d'analyse sémantique appliquées à la documentation automatique.* Gauthier-Villars, Paris.
BINFORD L.R., 1968. Archeological perspectives, in Binford S.R. and Binford L.R. (eds), *New Perspectives in Archeology,* Aldine, Chicago.
BODEN M., 1977. *Artificial intelligence and natural man.* Basic Books, New York.
BORILLO A., 1973. Problèmes d'analyse syntactico-sémantique de constructions interrogatives en français dans le cadre du traitement automatique de questions. Communication à la *Conférence Internationale sur le Traitement Automatique de Langages,* (ICCL), Pise.
BORILLO A., BORILLO M., BOURRELY L., CHOURAQUI E., FERNANDEZ DE LA VEGA W., GUENOCHE A., HESNARD A., TOGNOTTI J., VIRBEL J., 1973. Description des outils (mathématiques linguistiques et informatiques) impliqués par la construction d'une chaîne automatique intégrée de traitement de l'informatique textuelle et graphique. *Information Storage and Retrieval,* 9, 10, 527-560.
BORILLO A., BORILLO M., VIRBEL J., 1977. Propriétés remarquables d'un système de représentation et de traitement pour l'analyse du discours relatif à un domaine scientifique. *Analyse et validation de l'étude de données textuelles.* BORILLO M., VIRBEL J. (eds), Editions du CNRS, Marseille-Paris.

BORILLO A., BORILLO M., FARIÑAS DEL CERRO L., VIRBEL J., 1982. *Approches formelles de la sémantique naturelle*. LSI, Université Paul Sabatier, Toulouse.
BORILLO M., 1968. *La grille descriptive issue de « kouroi »*. Miméo, CADA, Marseille.
BORILLO M., 1971. Formal Procedures and the Use of Computers in Archeology. *Norwegian Archaeological Review*, 4.1.
BORILLO M., IHM P., 1971. Une méthode de classification d'objets dont la description est structurée et incomplète. *Mathematics in the Historical and Archaeological Sciences*, Edinburgh University Press, Edinburgh.
BORILLO M. et al., 1973. *Rapport sur le Projet AVEROES 1971-1973*. Laboratoire d'Informatique pour les Sciences de l'Homme, Marseille.
BORILLO M., FERNANDEZ DE LA VEGA W., GUENOCHE A., 1977. *Raisonnement et méthodes mathématiques en archéologie*. Editions du CNRS, Marseille-Paris.
BORILLO M., FARIÑAS DEL CERRO L., VIRBEL J., 1977. Validation Problems in Pattern Recognition. Study of a Particular Case. *IFIP Congress 77*, Toronto, 8-12 août 1977, B. GILCHRIST (ed.), North-Holland.
BORILLO M. (ed.), 1978. *Archéologie et Calcul*. Collection 10/18, Union Générale d'Edition, Paris.
BORILLO M., (ed.), 1979. *Représentation des connaissances et raisonnement dans les sciences de l'homme*. Actes du Colloque de Saint-Maximin, INRIA, Rocquencourt.
BOURRELY L., CHOURAQUI E., 1973. *Le langage d'interrogation du système SATIN 2 conçu comme un outil de traitement scientifique des données relatives à un corpus quelconque de documents*. Rapport URADCA, CNRS, Marseille.
BRAINERD W.S., LANDWEBER L.H., 1974. *Theory of Computation*. John Wiley, New York.
CHOMSKY N., 1961. On the notion « rule of grammar », in *Structure of Langage and its Mathematical Aspects*. Am. Mathematical Society.
CHOMSKY N., 1970. *Some empirical issues in the theory of transformationnal grammar*. Mimeo, Indiana Univ. Linguistics Club.
CHOMSKY N., 1971. *Aspects de la théorie syntaxique*. Le Seuil, Paris.
CHOURAQUI E., JANON M., VIRBEL J., 1972. Un système d'exploitation automatique du Corpus des Inscriptions Latines : SYCIL. *Communication à la Table Ronde sur l'Application à l'Epigraphie Latine des Méthodes de l'Informatique*, CNRS, Marseille, 8 décembre 1972.
CHOURAQUI E., VIRBEL J. (eds), 1981. *Banques d'information dans les sciences de l'homme*. Editions Hommes et Techniques, Paris.
CRESSWELL M.J., 1973. *Logics and Languages*. Methuen, Londres.
CROS R.C., LEVY F., GARDIN J.C., 1968. *L'automatisation des recherches documentaires. Un modèle général, le SYNTOL*. Gauthier-Villars, Paris.
DORAN J.E., HODSON F.R., 1975. *Mathematics and Computers in Archaeology*. Edinburgh Univ. Press.
DUNDES A., 1964. *The Morphology of North-American Indian Folktales*. PP. Communications n° 195, Academia Scientiarum Fennica, Helsinki.
DURIEUX J.L., 1978. T. Lisp, le système Lisp de Toulouse. *Ecole de l'IRIA Implémentation et interprétation de Lisp*.
FARIÑAS DEL CERRO L., FERNANDEZ DE LA VEGA W., HESNARD A., 1974. Contribution à l'établissement d'une typologie des amphores dites Dressel 2-4. Communication au Colloque international du CNRS *« Méthodes classiques et méthodes formelles dans l'analyse typologique des amphores »*, Rome, juin 1974.
FARIÑAS DEL CERRO L., LAUTH E., 1982. *Raisonnement temporel. Une méthode de déduction*. Rapport LSI-EFRN, Université Paul Sabatier, Toulouse.
FARIÑAS DEL CERRO L., ORLOWSKA E., 1983. *DAL- A logic for data analysis*. Rapport LSI-EFRN, Université Paul Sabatier, Toulouse.

FERNANDEZ DE LA VEGA W., DE LA GENIERE J., 1968. Analyse quantitative du mobilier funéraire de Sala Consilina, in *Calcul et Formalisation dans les Sciences de l'Homme*. Editions du CNRS, Paris.
FERNANDEZ DE LA VEGA W., 1977. Deux algorithmes de sériation. *Méthodes mathématiques et raisonnement en archéologie*. BORILLO M., FERNANDEZ DE LA VEGA W., GUENOCHE A. (eds), Editions du CNRS, Marseille
FERNANDEZ DE LA VEGA W., 1978. Méthodes de classification automatique en archéologie. *Archéologie et Calcul*, BORILLO M., (ed.), UGE, 10 × 18, Paris.
FEYERABEND P.K., 1970. *Against method: outline of an anarchistic theory of knowledge*. Minnesota studies in the philosophy of sciences, IV, University of Minnesota, Minneapolis.
FRITZ J.M., PLOG F.T., 1970. The nature of archaeological explanation. *American Antiquity*, vol. 35, n° 4.
GARDIN J.C., 1967. Methods for the descriptive analysis of archaeological material. *American Antiquity*, vol. 32, n° 1.
GARDIN J.C., 1979. *Une archéologie théorique*. Hachette, Paris.
GINOUVES R., 1975. *L'archéologie gréco-romaine*. PUF, Paris.
GRANGER G.G. 1960. *Pensée formelle et Sciences de l'Homme*. Aubier, Paris.
GREUSSAY P., 1975. *Lisp T 1600: manuel de référence*. Département d'informatique, Université de Paris 8.
GRIZE J.B., 1982. *De la logique à l'argumentation*. Droz, Genève.
GUENOCHE A., TCHERNIA A., 1974. Essai de construction d'un modèle descriptif des amphores Dressel 20. Colloque International du CNRS, « *Méthodes classiques et méthodes formelles pour l'étude typologique des amphores* », Ecole Française de Rome, mai 1974.
GUENOCHE A., VIRBEL J., 1977. Structure linguistique d'un sous-langage naturel pour la consultation de banques de données archéologiques. Communication à la *III International Conference on Computing in the Humanities*, Waterloo, août 1977.
HAMON E., HESNARD A., 1974. Problème de documentation et de description relatifs à un corpus d'amphores romaines. Colloque International du CNRS « *Méthodes classiques et méthodes formelles dans l'étude typologique des amphores*. Ecole Française de Rome, mai 1974.
The Handbook of Artificial Intelligence (3 vol.), 1983. Cohen P.R., Feigenbaum E.A. (eds), Heuristech Press Stanford et William Kaufman, Los Altos (Cal.).
HEMPEL, OPPENHEIM, 1948. Studies in the logic of explanation. *Philosophy of Science*, XV, Baltimore.
HILL J.N., 1971. Prehistoric social organization in the American Southwest: Theory and Method, in *Reconstructiong Prehistoric Pueblo Societies*, LONGACRE W. (ed.), University of New Mexico Press, Albuquerque.
HUET G., 1982. In defense of programming languages design. *Proceedings of ECAI 1982*, Orsay.
IJCAI-77. *Proceedings of the 5th International Joint Conference on Artificial Intelligence*. MIT, Cambridge (USA).
JANON M., VIRBEL J., 1972. Problèmes posés par la constitution d'un fichier automatisé des Inscriptions Latines. Communication au *Colloque National du CNRS sur les Banques de Données en Archéolgogie*, Marseille, 12-14 juin 1972.
JANON M., VIRBEL J., 1974. Travaux pour l'exploitation automatique du Corpus des Inscriptions Latines, in *Les Banques de données en archéologie*, Editions du CNRS, Paris.
JAULIN B., 1970. Mesure de la ressemblance en archéologie. *Archéologie et Calculateurs*, GARDIN J.C. (ed.), Editions du CNRS, Paris.

LADRIERE J., 1957. *Les limitations internes des formalismes*. Nauwelaerts, Louvain, et Gauthier-Villars, Paris.
LOVELAND D.W., 1978. *Automated theorem proving. A logical basis*. North-Holland, Amsterdam.
LUKASIEVICZ J., 1972. *La syllogistique d'Aristote dans la perspective de la logique formelle moderne*. Armand Colin, Paris.
LYONS J., 1968. *Introduction to Theoretical Linguistics*. Cambridge University Press.
MORIN E., 1978. *La méthode de la méthode*. Le Seuil, Paris.
MALHERBE J.F., 1976. *La philosophie de Karl Popper et le positivisme logique*. Presses Universitaires de Namur. Presses Universitaires de France, Paris.
Mc CARTHY J., 1977. Epistemological problems of Artificial Intelligence. *IJCAI Proceedings*, 1938-1944.
NILSSON N.J., 1980. *Principles of Artificial Intelligence*. Tioga Pub., Palo Alto.
PERELMAN C., OLBRECHTS-TYTECA L., 1970. *Traité de l'argumentation*. PUF, Paris.
PETÖFI J.S., GARCIA BERRIO A., 1978. *Lingüistica del texto y critica literaria*. Communication, Madrid.
POPPER K.R., 1967. *Conjectures and Refutations*. Routledge and Kegan Paul, Londres.
PROPP V. Ja., 1949. *Le Radici Storiche dei racconti di fate*. Einaudi, Torino.
PROPP V. Ja., 1965. Les Transformations du Conte Merveilleux. *Théorie de la Littérature*, TODOROV T. (ed.), Le Seuil, Paris.
PROPP V. Ja., 1966. *I canti popolari russi*. Einaudi, Torino.
PROPP V. Ja., 1966. Struttura e storia nella studio della favola, in *Morfologia della fiaba*, Einaudi, Torino.
PROPP V. Ja., 1970. *Morphologie du conte*. Gallimard, Paris.
RADNITZKY G., 1970. *Contemporary schools of metascience*. Akademiförlaget, Göteborg.
REGNIER A., 1974. La morphologie selon V.Ja. Propp, in *La Crise du langage scientifique*, Editions Anthropos, Paris.
REGNIER A., 1974. Les commentateurs français de V.Ja. Propp, Ibid.
RESCHER N., 1976. *Plausible reasoning*. Van Gorcum, Amsterdam.
RICHTER G.M.A., 1960. *Kourai Archaic Greek Youths*. The Phaidon Press, London.
SCHNAPP A., 1974. L'archéologie, in *Faire de l'Histoire*, tome 2. LE GOFF J., NORA P. (eds). Gallimard. Paris.
SIMON H.A., 1983. Search and reasoning in problem solving. *Artificial Intelligence*, vol. 21, n° 1, 2, March 1983.
STALNAKER R., 1968. A theory of conditionals. Studies in Logical Theory. *American philosophical quartely. Supplementary monograph series*. Oxford.
TAZI S., VIRBEL J., 1984. *Knowledge representation in the design of an intelligent text-editing system*. LSI-FRN, Université Paul Sabatier, Toulouse.
VIRBEL J., 1973. Methodological aspects of the segmentation and the characterization of textual data in Archaeology, in *the Explanation of Culture Change: models in prehistory*, RENFREW C. (ed.), Duckworth.
VIRBEL J., 1975. L'analyse sémantique d'une terminologie scientifique liée à la perception de formes. *Cahiers de Linguistique, d'Orientalisme et de Slavisme*, 5-6, 1973.
VIRBEL J., 1983. *Eléments pour la conception de jeux de langage*. CEC, Toulouse.
VON WRIGHT G.H., 1971. *Explanation and understanding*. Cornell University Press, Ithaca.
WHALLON R., 1972. The Computer in Archaeology. A critical survey. *Computers and the Humanities*, vol. 7, n° 1.
WHALLON R., 1972. A new approach to pottery typology. *American Antiquity*, vol. 37, n° 1.

Table des matières

Avant-propos 5

Section I. INFORMATIQUE ET RAISONNEMENT 11

Chapitre 1. «Intelligence Artificielle» et raisonnement 13
Chapitre 2. Formalisation dans les sciences de l'homme 27
Chapitre 3. Les sciences de l'homme dans le développement de l'informatique 37
Chapitre 4. Une expérience de formalisation du raisonnement . 45

Section II. STRUCTURES TEXTUELLES ET RAISONNEMENT 67

Chapitre 1. Méthodes informatiques d'analyse des textes 71
Chapitre 2. Compléments à la théorie du conte de V.J. Propp . 97

Section III. INFORMATIQUE ET RAISONNEMENT EN HISTOIRE 123

Chapitre 1. Calcul et raisonnement en archéologie 125
Chapitre 2. Stratégies de mise à l'épreuve de conjectures historiques 157
Chapitre 3. Reconstruire une argumentation 177

Bibliographie 207